东北方言词汇与民俗文化研究

魏薇 著

中国纺织出版社有限公司

图书在版编目（CIP）数据

东北方言词汇与民俗文化研究/魏薇著. --北京：中国纺织出版社有限公司，2022.11
ISBN 978-7-5229-0021-6

Ⅰ.①东… Ⅱ.①魏… Ⅲ.①北方方言－词汇－方言研究－东北地区②风俗习惯－研究－东北地区 Ⅳ.①H172.1②K892.43

中国版本图书馆CIP数据核字（2022）第216354号

责任编辑：房丽娜　　责任校对：高　涵　　责任印制：储志伟

中国纺织出版社有限公司出版发行
地址：北京市朝阳区百子湾东里A407号楼　邮政编码：100124
销售电话：010—67004422　传真：010—87155801
http://www.c-textilep.com
中国纺织出版社天猫旗舰店
官方微博 http://weibo.com/2119887771
天津千鹤文化传播有限公司印刷　各地新华书店经销
2022年11月第1版第1次印刷
开本：710×1000　1/16　印张：8.25
字数：120千字　定价：78.00元

凡购本书，如有缺页、倒页、脱页，由本社图书营销中心调换

前　言

　　唐朝著名诗人贺知章的《回乡偶书·其二》，广泛流传了千百年，描绘了诗人自幼年离开家乡，年迈后回到家乡，人和事物都已经改变，只有那熟悉的故乡之音没有改变。此处的"故乡之音"指的就是方言。方言也被称为地方话，是既定地区广泛使用，但却和通用语言存在一定差别的话语。西汉大思想家扬雄的著作《方言》，是我国首部记载方言的书籍，扬雄所指的"方言"和通用语言存在相对性，通用语言指的是通行范围较大、流行范围较广的语言，如同当下我国的普通话。方言还被划分为地域方言与社会方言两种类型。地域方言作为语言的一种地域性变化体，相同的地域方言集中在相同的地区中，也有通过移民将其带至非故乡地区的现象发生，比如广泛流行在海外的广东话、闽南话、潮汕话等。此类"背井离乡"的方言长期以来由于各种因素又演变成为一种新的地域方言。社会方言指的是语言的社会变体，使用相同语言的人，由于社会阶层、从事行业、年纪以及性别等方面的差异，措辞、言谈、口音也会存在一定的差别。不过将语言的社会变体称之为社会方言是否合理，这仍然是学术领域争论的课题。本书中所指的"方言"，若不注释其他说明，那么均指的是地域方言。东北方言是广泛流行于我国东北地区的地域方言，是以普通话为基础方言的北方方言的重要分支，具有简单明了、幽默风趣、富有节奏感等特点，这与东北人直爽、豪迈、大度、风趣的性格非常契合。

魏薇
2022 年 9 月

目　录

第一篇　理论篇

第一章　东北方言词汇在民俗文化中的价值 ······ 003
- 第一节　东北方言的形成 ······ 003
- 第二节　东北方言的艺术特色 ······ 006
- 第三节　东北方言是东北民俗文化之根 ······ 012
- 第四节　东北方言的地域文化体现 ······ 017
- 第五节　东北方言的发展趋势 ······ 022

第二章　民俗文化创作中的东北方言词汇 ······ 025
- 第一节　东北方言的语法差异与语音特点 ······ 026
- 第二节　东北方言的民俗特色及魅力 ······ 029
- 第三节　东北方言的艺术价值 ······ 033

第三章　东北方言词汇的民俗幽默观 ······ 039
- 第一节　东北方言幽默的表现形式 ······ 040
- 第二节　东北方言幽默的独特魅力 ······ 059
- 第三节　东北方言幽默的表达手段 ······ 067
- 第四节　东北方言幽默的语用功能 ······ 074

第二篇　实例篇

第一章　称谓语的民俗文化内涵 ······ 087
- 第一节　东北方言称谓语系统与东北民俗文化的伦理结构 ······ 087
- 第二节　常见东北方言称谓语的语用研究 ······ 089

第二章　指示代词的民俗文化内涵 ······ 093
- 第一节　东北方言指示代词的相关问题 ······ 093

第二节　东北方言的指示代词系统 …………………………… 096
　　第三节　移民对东北方言指示代词的影响 …………………… 103

第三章　"嗯呐"与民俗文化 ……………………………………… 114
　　第一节　东北方言词"嗯呐"及其来源问题 …………………… 114
　　第二节　东北方言词"嗯呐"的语义研究 ……………………… 115
　　第三节　东北方言词"嗯呐"的用法 …………………………… 120

参考文献 …………………………………………………………… 122

后　　记 …………………………………………………………… 125

第一篇　理论篇

第一章
东北方言词汇在民俗文化中的价值

第一节 东北方言的形成

一、东北方言形成的历史积淀

我国现存方言种类众多，大部分方言的特征与内涵均需要联系地方史料才可以实现正确理解，而时代的历史变迁导致的语言改变，对于方言的研究是极为关键的。

（一）东北方言形成的历史成因

根据史料记载，现存东北方言，早在商周时期就占据了巨大历史空间。据今五千多年以前，东北辽宁西部地区原始文化的大规模祭坛、女神庙就已展现了文明曙光，其和华夏民族商人的先世文化存在着非常密切的关联。商朝箕子率全部部落向东北地区迁移，随后又迁移到朝鲜北部地区，成为从属于武庚的东北诸侯国。春秋、战国时期正是中原地区经历着大规模的民族融合，逐渐形成汉族的前身"华夏族"的时代，在该历史时期，东北地区和中原正在经历类似的民族融合，均被中原各个国家视为华夏诸国的组成部分。此时在东北地区出现了和中原地区的华夏族相同的语言、风俗文化以及心理认同感的人群，其中燕国秦开打败东胡以后，大幅度增加了这一地区的民族融合的速度，直至秦朝、汉朝时期，发展成为该地区的早期汉人。

汉代时期扬雄的《方言》中记载：燕北、辽东到朝鲜半岛北部方言基本一致，同时把东北定义为"燕代方言区域"，所以不难理解，东北方言形成的早期历史。秦末汉初大乱，燕、齐、赵地人民躲避战乱迁徙者有数万人之多，到汉武帝设四郡，加强了东北地区与中原的联系，也吸引了大批汉人迁入这一地区。隋唐时期，唐朝灭高句丽，渤海国建立，汉人与高句丽人等杂居。辽金时期，契丹族和女真族入主中原，在太宗、熙宗灭辽及北宋的战争中,曾将中原地区的人口大批向东北迁徙。此阶段经历汉、魏晋、隋唐、辽金、宋几千年的沉淀,东北方言进一步发展。

元朝、明朝以及清朝这三个朝代,东北地区被正式纳入全国统一王朝的行政管理范围,少数民族不断进行着南北互流,尤其是明清移民由入关到出关的回流。根据相关历史资料记载,仅仅在1920～1930年,短短的10年之间,迁入东北地区的移民就达到了惊人的600多万人,此类移民大多数是山东、河北等地区"闯关东"的难民,受"闯关东"的影响,部分东北方言源自东北以南的方言(主要是北京、天津、河北、山东)。如:撒丫子(放开脚步迅速跑)、开瓢儿(人或动物的头部受到重创)、背兴(运气较差)原本是北京方言,客原为山东方言。人的流动和迁移带来的不单单是文化的融合与发展,同时语言作为文化的特殊范围,其既是文化本身,又是文化重要的组成部分,在人口的不断迁徙推动文化发展与融合的过程当中,也使语言出现了巨大的转变。东北方言到此基本形成其自身的、独具特色的体系,现存丰富多彩的东北方言总是带着深刻的历史印记和时代标签。

(二)东北各民族文化的融合

纵览整个东北地区的历史,是汉族和多民族共同开发、共同争夺生存空间的一个舞台,根据《史记·五帝本纪》记载:"虞舜,方五千里,北山戎、发、息慎。"从商朝、周朝至西汉,东北一直是肃慎、扶余、东胡等众多少数民族的游牧地。后来汉人和女真人、契丹人、鲜卑人、高句丽人、蒙古人、满人、鄂伦春人、赫哲人等民族的大杂居、小聚居,在这一过程当中,文化和民俗不断融合,自然而然带来了语言层面的融合,逐渐形成了当下的东北方言。其中满族语言对于东北方言的影响是非常大的,满族语言的一部分词语演变转化为东北方言并且被保存了下来。如黑龙江的省会城市哈尔滨,就源自满族语言"晒网场"。吉林省和吉林市当中的"吉林"也是满族语言"吉林乌拉"的简称,"吉林"的意思为"沿","乌拉"意思为"江"。"特勒"形容人不整洁、邋遢、不卫生等。"磨叽"指的是做事效率低、拖拖拉拉。东北方言当中一个比较常用的词"埋汰",其实也是满族语言的音译,意思是不干净、不卫生、很脏等。另外部分蒙古族语言的遗留也对东北语言产生了影响,例如辽宁北部县城"昌图县"源自蒙古族语言"常突额尔克","常突"指的是绿色草原。我国松花江辽金时期被称为"鸭子江",清朝更名为"松花江",该词源自于女真语,"松花"的意思是白色。东北方言是各民族不断融合下的产物,各民族的聚集交流带来了语言层面的进一步融合。

(三)周边国家语言的接触

东北地区和俄罗斯、蒙古接壤,与日本距离也相对较近,多个国家之间的文化交流、贸易来往、战争以及杂居等,让语言发生了强烈的碰撞。例如,"沙楞"一词就是俄语借用词,意思是快一点儿、加速;"畏大罗"一词指的是水桶,也是俄语借用词;"笆篱子"意为监狱,"蹲笆篱子"就是蹲监狱的意思,也是俄语借用词。"杂役夫"意为"勤杂工",源自日本语,是日本帝国主义侵略我国东北地区时的语言遗留。

(四)其他因素

语言的发展一般是由一个地区向另一个地区,乃至全国拓展而来的,因为区域发展的差异性以及传输途径的差异性,导致语言在不同地区出现很大区别,有大量正字在交流传播或者使用的过程中被错误解读,长此以往约定俗成形成方言。东北人口中经常说的"母们",其实是"我们"的误读;"干(四声)哈(二声)"是"干啥"的一种误读;"稀罕"则是"喜欢"的误读。以上东北方言表现出了该方言的特点,包括东北方言的丰富性、多元性、欢愉性以及融合性。

二、东北方言形成的地理环境

英国历史学家、哲学家罗素曾说,人是环境的产物。这自然就包含了自然、生存、社会环境,其中也包含了语言环境。从古至今,人类的社会生活均需要地理环境的支撑,语言与文化也存在着不同的地理差异,留下了深刻的地理印记。差异化的环境塑造出了不同的生活模式,方言对其反映也有不同的语言手段、表达方式的称述。在环境不断变化、生产生活方式持续转变的背景下,很多方言被新的方言所替代,有的方言则被部分或是完整地保留了下来。

(一)东北的地理位置与自然环境

东北地区是中国最北方的地区,属于温带大陆性气候,冬季寒冷且漫长，风雪、山河、森林则成为东北方言的一种沉淀，同时其地理特点与自然环境让东北地区的经济结构主要以农业、畜牧业、渔业为重点。大部分的东北居民生活在乡村，有着丰富的自然资源、肥沃土地，长期以来他们辛勤耕作、劳动，这也导致在劳动的过程中形成了大量东北方言，这些语言给人带来一种"大碴子"的味道。这样独具特点的自然环境，不单单对东北居民的生活方式产生巨大影响，同时也成为东北方言形成的关键因素。因为寒暖变化与地理的改变等诸多原因，大环境下的小区域在东北方言中又逐渐形成了哈尔滨方言、锦州方言、鸡西方言、大连方言等，且各持特点与情趣。

（二）地理阻隔为东北方言的分化提供条件

方言和地域存在着必然的联系，地理的划分在古代社会当中，成为方言分化的重要因素。东北地区的北部是大兴安岭与荒原，有着茂盛的原始森林以及寒冷的天气，东部是太平洋，和日本隔海相对，这对古代的东北形成了天然的、难以跨越的屏障，西部是一望无际的蒙古大草原和戈壁滩，唯有西南的渤海湾沿岸能够接收到外界信息。从东北历史当中可以发现，长时间以来东北地区隶属于中原，但是又相对独立，具有半封闭特点，这些因素均为东北方言的形成和分化提供了条件。如19世纪20年代著名的人口迁移——"闯关东"，关外农民蜂拥而至地向东北涌入，占据了大量土地，带来的旧地方方言在很多地区保留了下来，但因为地理的屏障以及半封闭式的状态，"闯关东"而来的山东人、河北人等方言只有一部分保留在东北方言当中，并逐渐演变成为独特的东北方言。

第二节 东北方言的艺术特色

东北方言非常直接地反映了东北地区的风土人情、历史变迁、社会发展和人民认识的改变，是极具亲和力与表现力的一种语言。其形象生动，能够让静态语言动态化；其幽默有趣、活泼俏皮，质朴而不失灵气；其语义表达细腻，简洁而不留余地；其直接了当，有张力且不离实际。

一、东北方言生动形象，具有极强的表现力

东北地区的经济结构以农耕、渔猎为重点，在这片黑土地上，东北人民辛勤劳作，而且大部分东北人生活在乡村当中，劳动让东北方言由静到动、由抽象到具体。东北方言不管是情意的表达，抑或说理叙事，很少用静态话、抽象话的词语，而是经常应用一些生活中那一部分具体的、可以触摸的形象词语进行表达，将静态的语言转变成动态的语言，将抽象的语言转变成形象生动的语言，不但语意明确、表现力和感染力较强，并且具有非常浓厚的感情元素。

东北土地辽阔，人烟稀少，有着巨大的原始森林，各类飞禽走兽出没频繁。所以，在东北语言中经常以具体的动物进行比喻，同时赋予其不同的含义。比如说，东北人喜爱东北虎，东北方言当中虎就比较多，说"这个人真虎"，一个"虎"字，形容这人是勇敢而又鲁莽，后来又被引申为人不精明。东北地区"熊"也很多，但这种动物凶猛的天性让人畏惧、害怕，所以欺负人就叫"熊人"，无能则被称为"熊包蛋"，嘲讽他人样貌或品格则为"熊样"。用"耗子眼""鸭子嘴""驴蹄子""鞋拔子""猪腰子"等词语来形容人的外貌长相。用"猴精"来形容一个人心眼多、精明。过去东北地区由于寒冷的冬季，导致大量生产活动停止，春秋季节生产的粮食吃不完便要储存起来，部分粮食储存时间久了就变成陈货或者出现变质、腐败等现象，所以用"陈芝麻烂谷子"来形容积累多年且不好处理的烦心事、琐碎事。东北人家里习惯用半只切开来的葫芦当作盛水器具，称其为"水瓢"，用"摁下葫芦瓢起来"比喻忙于应对接踵而来的事情（普遍指不好的事情）。还有以物喻物的语言表达方式，如将抽象话的"呆"字转变为其他词语，有"脑袋灌铅""榆木脑袋""死葫芦脑袋"等；话说得逼真、生动则用"有鼻子有眼"来形容。

再比如：东北乡村秋收在扒苞米过程中产生的方言"扒瞎""掰扯""黑瞎子掰苞米"等。没有任何依据的胡说、说谎，东北方言称之为"扒瞎"，具有指责的意思，扒出来没长苞米粒的玉米，叫做"瞎苞米"。扒苞米这一劳作的过程当中，需要将苞米叶子一层层地剥掉，直至最后方见分晓，所以东北方言以"掰扯"来形容说理、争辩。"黑瞎子掰苞米"指的

是人比较笨拙，每掰一穗苞米就放至于腋下夹着，掰第二穗苞米的时候，抬起胳膊，第一穗苞米掉下，如此加一减一，最后只能剩下一穗苞米，比喻人做事的过程中只贪求进度和数量，而不重视质量与实际效果。东北方言中的"回楦"，指过去人们穿的鞋子大部分都是自己家制作的布鞋或者草鞋，鞋子制作完成，合脚或者不合脚通过鞋样子量脚，大约是和脚型差不多就可以了，然后用木头楦子楦鞋，一般是鞋脸前边一块，中间一块，脚后一块，将这三四块木楦都楦在鞋壳里，然后不断地往上加木块，这叫打楦子。有时候打完楦子，用脚一试，觉得仍不合适，有点小还得重新打一次楦子，这重新打楦子的过程，便称之为回楦，因此以"回楦"一词来表示人走下坡路，越来越差、不如过去。

二、东北方言风趣幽默、活泼俏皮

东北冬季持续时间近半年，环境温度很低，早年大多数的东北居民生活于乡村，冬季是农闲的时节，这个时候大家都很寂寞无聊；夏季在田间劳动，二里长的垄，小半天也铲不到地终点，人觉得非常的累。于是就会边干活边聊天，上到天文地理，下到生活琐碎小事，没有边际的漫谈，逗趣、耍乐、闲谈，可以说是苦中作乐，别有一番风趣，以此解除各自内心的无聊和寂寞，让疲劳的身体感到愉悦。其中有大量的歇后语、俏皮嗑、疙瘩话出自劳作中，经过游戏化、诗化的处理以后，显示出东北方言的风趣与幽默、活泼与俏皮、诙谐和滑稽。

比如：表达人们由于受到刺激或者惊吓而感到的恐惧，书面话为"丧魂落魄"，普通话为"吓一跳""吓坏了"等，而在东北你可能会听到"吓丢了魂""吓废了"等，用俏皮、幽默的语言替换了死板且概念化的词语。赵本山与宋小宝合作的小品《相亲》当中有这样一段台词"哎呀妈呀，瞅你那损色"，"损色"意为缺德、不讲究，在小品当中更为风趣地将原本贬义的"缺德"，转变成具有调侃、玩笑意味的话语。

再比如：东北地区较为出名的情景喜剧《东北一家人第二部》当中，一串搞笑有趣的关于癞蛤蟆的歇后语，充分展示了东北方言的诙谐、幽默以及东北人的智慧：

癞蛤蟆背小手，硬装地方小领导；

癞蛤蟆过马路，硬装迷彩小吉普；

癞蛤蟆插羽毛，硬装外国鸟；

癞蛤蟆打哈欠，口气不小。

三、东北方言表意具有极大的丰富性

东北人在劳动的过程当中，创造了大量意义丰富的词语。人口的不断迁移导致不同民族、不同地区的人们，长时间共同生活在东北这同一个文化地域里面，相互沟通和交流，相互学习和补充，实现了彼此之间的融合，也造就了东北方言表意层面巨大的丰富性。本文将其总结为三点：

（一）用多个词来表现一种意思

比如，在东北喝酒可以说"整""闷""倒""抿""造""舔"等，应用上述一类的词汇编出的劝酒词也是别具一番特色，"感情深，一口闷"。再比如说打你，也说削你，揍你，捶你，撂你等，又具体说捅你一指头，碓你一杵子，杵你一拳头，抽你一鞭子，揎你一杠子，削你一扁担。近义词的丰富不管是从语义的轻重或是感情色彩，均可以通过差异的词语彰显出细微的区别，比如"逃跑"这一动词，在东北方言有"尥了（liao 一声）""踪了""撒丫子了"等。"看"这个动词，在东北方言有"瞭""白（白了她一眼）""撒摸（sāmō）"等，其中一些方言有音无字。

（二）一个词有多种含义或者赋予某个字或词一些新的意义

比如"犊子"这一词语，本来是指"小牛"，在东北方言当中有时带有贬义的含义，有时也是中性的，有时还可能是一种带有亲切感的词语，在不同的场景和语言环境当中，视关系远近有着差异化的词义。"够呛"一词则含义更为丰富，在差异化的语境之中意义有很大的区别：

无法忍受、无法承受。例如：今天干活，可给我累够呛。

没有十足的把握，很难做到。例如：电视剧《乡村爱情》当中谢大脚说："为民除害啊，那我看够呛！"刘能说："老四啊，我看这事够呛！"

过分，不讲究。例如：你这人真是够了呛了，那么大人了，咋还和孩子干仗呢？

生命即将走到尽头。例如：我看我二舅姥这次是够呛了，挺不过去了。

在东北方言中,"整"字的语言更多,可以说几乎是万能的,具有"做""搞""弄"等多个意义,也能够在具体的语境中表示大量更为丰富的意义。比如:

"家里来'且(客人)'了,赶紧买菜,整点儿饭吃吧。"(做)

"完了完了,我把二哥家的三轮子给整坏了。"(弄)

"别总整那些没用的。"(说或者做)

"这点儿小毛病算啥啊,我自己就能整好。"(修理)

"哎妈呀!你家整得挺好看呢!"(装修、布置)

"你把屋里整干净的!一会我二舅来。"(收拾、打扫)

"那人烟抽得厉害,一天差不多得整三包。"(抽,吸)

"来吧,抓紧整两嗓子,让我们也听听。"(唱)

"他白扯,根本整不过我。"(战斗、打架、吵架)

"你看我这刚整的头发,你咋就说磕碜呢?"(理、烫、染等)

普通话"贼",原本是个名词,代表"小偷"的意思,不过在东北方言当中却当作程度副词予以使用,且使用频率极高,意思是特别、非常、很,"贼漂亮""贼带劲儿",用"贼"这个词来形容,感觉程度要比"非常""很"等形容词更深刻,同时也展现出东北方言浓重的感情元素。普通话当中的"奸"用作形容词的时候具有贬义(狡诈、邪恶、奸诈等),不过在东北方言当中形容一个人"奸"会根据语境的不同,分为贬义、褒义或者中性。"老鼻子"一词,并不是"老年人的鼻子或是老的鼻子"的意思,而是"很多、特别多"的意思。

(三)东北方言构词方式多元化,感情色彩浓厚

东北方言是由历史的熔铸、自然的陶冶、劳动的锤炼而逐步形成的,其构词方式与普通话有相似的地方,也有其自身的特点,方式灵活多样,表现出极为浓厚的感情色彩。

1. 普通话的个别字失去了原本的意义,作为程度副词来修饰形容词

如"溜"光、"确"紫、"稀"泞、"精"湿。

2. 用象声词充当形容词使其极富地域性

如用"喊哩喀喳""嘎巴溜脆"形容说话办事不拖拖拉拉,极为利落和爽快;用"叽里咣当"形容空荡、不充实;用"踢里膛啷"形容走路不

利索，碰到东西发出的声音。此类绘声绘色、真切的象声词将其所要表述的内容，极具特色地展示出来，极其深刻的呈现出地方色彩。

3. 叠声词的妙用

在形容一种感受或某些事时，东北人喜欢用叠声词进行表达，如：舞舞玄玄（乱比划）、挤挤插插（很拥挤）、叽叽歪歪（恼火、生气）、忽忽悠悠（不知不觉）、假假咕咕（装假、不实在）、疤疤癞癞（凹凸不平）、板板正正（利索、整齐）、缕缕行行（形容很多，且不断地来来往往）、笨笨咔咔（说话不利索，手脚笨拙的样子）、齁齁咸（非常咸）、呱呱湿（非常湿）。

以上主要是从构词的方式进行类别划分，同时还有很多词语所表达的意义在普通话当中却是不存在的，比如"敦实"这一词语。在大部分情景下，普通话当中的词语在东北方言当中就有着另外一种说法，比如大家较为熟悉的难看（磕碜）、找对象（说媳妇）、生气（急眼）、爽快大方（敞亮）、拖拖拉拉（磨叽）、寻找（撒摸）等。

四、东北方言真实直白，夸张但不离实际

大量东北方言源自劳动和日常生活，东北人直抒胸臆，不拐弯、不做作，因此东北人在用方言表达思想感情的过程中，经常显得比较真实和直接，略有夸张而又不脱离现实，和劳动以及日常生活等紧密相关。

比如在形容一个人比较忙的时候，普通话是"忙得不可开交"，而东北方言则是"忙得脚打后脑勺"或"忙得两脚不着地儿"，就生活真实性这一方面来说，不管是怎么忙，脚也不可能打到后脑勺，也不会跑得两只脚不着地面，很容易看出这就是一种夸张的说法。说两件事没有任何关联，普通话是"风马牛不相及"，而东北方言则是"八杆子都打不着"，这是源自东北农村一种打鸟活动，简言之八杆子都打不到鸟，和你和我还有关系吗？"拽着猫尾巴上炕"表示人非常劳累，显然这也是言过其实，小猫的力量是非常小的，累到连小猫的力量都要借用，明显非常夸张。这种夸张形式的表达，可以突出特征，形象生动，极具亲和力，语义表达更为精当、凝练。

第三节　东北方言是东北民俗文化之根

从巴赫金的狂欢诗学当中我们可以了解到，方言是一条探寻主体身份的关键线索，构成了多重主体彼此之间的深层对话，并把流失的广场文化有效贯穿和融入至影像艺术作品当中，让广大受众获取久违的话语狂欢之感。这种话语狂欢在某些艺术形式中表现得较为突出，使某些艺术形式具有独特的魅力与特色。

一、二人转艺术中的东北方言演绎

二人转是东北的民间艺术，又称小秧歌、双玩艺、蹦蹦等，其根植于民间乡土文化，是东北一种民间说唱，一边说一边唱，歌舞均有，人物跳进跳出，生动活泼。二人转承载了大量的艺术形式，可以说二人转是不全是戏曲的一种戏曲、不全是曲艺的一种曲艺、不全是歌舞的一种歌舞、不全是小品的一种小品。二人转本身是东北民间艺术当中标志性的艺术形式，对很多演员来说，其表现手法被概括为"四功一绝"。

"四功"指的是唱、说、做、舞；"一绝"指的是用手绢、扇子以及其他一些道具做出来的特技动作，也被称之为"绝活"。"四功"以"唱功"为首；"说"指说口，要求口齿清晰、声音洪亮，以插科打诨为主。二人转作为东北民间一种非常流行的说唱艺术，说和唱是二人转当中最为关键的部分，语言在二人转当中的地位相较于其他曲艺更为重要，而东北方言的合理应用不但让二人转更加具有地方特色，又赋予二人转中戏曲人物的鲜明性格，使其说口更加富有风趣感和幽默感，也给人一种亲切感。

（一）表现二人转鲜明的人物性格

东北方言是一种源自民间的口头语言，具有非常明显的地方特点，从某种角度来说，方言是一种"异型"艺术，在普通话当中掺杂着方言说话的人，会让其他人感到新鲜、亲切和有趣，这可能也是东北戏剧广泛流行于全国的一个因素。但是，二人转并非简单地把普通话与东北方言相加、交替使用，而是将其深刻地融入关东人的性格当中，使之成为表达思想情感、表现鲜明人物色彩的包装，让鲜明的个性更加绘声绘色，让情景变得更为声情并茂，让观众听后、看后，有一种身临其境、如融其物、如见其人、如闻其声的感觉。

如：东北知名二人转演员陈功范的《窗前月下》，大量使用了东北方言，表现出兄弟媳妇敞亮、大度、直爽、干脆利落的性格，大伯哥被误以为是自己弟弟的不好意思的心理活动。

女：玉钗我胳膊轻轻把他一拐，
　　小才你立眉瞪眼发的什么呆？
　　既然你不愿进屋咱就在院外，
　　何必还假假咕咕站这戳秫秸。
　　说完我伸手把他胳膊拽。

男：我心里嘣嘣直跳像把兔子揣。
　　有心要当着弟妹将我身份摆，
　　大伯哥兄弟媳妇有多磨不开。
　　我这里别别楞楞紧往一边掰，

（二）体现二人转独特的语言情趣

东北二人转的剧诗特点不仅展现在诗意的思维、情调与结构等方面，并且表现在"诗化"的方言以及土语方面。二人转当中的语言不仅有"诗化"意蕴，而且包含了非常强烈的接受性审美及"狂欢"色彩。这就让这种曲艺具备了非常独特的语言情调和趣味，这和东北方言的有效应用、适时应用是具有密切关联的。

1. "诗化"的合仄押韵

首先，我们所说的"诗化"意蕴并非是说二人转当中的语言如同其他戏曲艺术一样，那样的曲高和寡，二人转"诗化"的合仄押韵让人读起来或者听起来更为朗朗上口且趣意横生，独有"诗化"的韵味，我们可以从一些二人转唱词和剧本当中找到大量合仄押韵的片段。如陈功范拉场戏《墙里墙外》当中，嫂子和大乏两个角色之间的一段对话，每一句句尾都是儿化音，"月牙弯儿""柳树尖儿""跟前儿""卖呆儿"等，儿化音是对东北方言的一种有效运用，让人感觉到亲切与生动，让句子更加朗朗上口，"诗化"的意味自然也就油然而生了。

嫂子：繁星眨眼月牙弯儿，
大乏：夜风轻拂柳树尖儿。

嫂乏：二嫂、大乏我贪黑巴火来到墙跟前儿，鸟悄的探头探脑往过卖呆儿。

2. 极强的接受性审美及"狂欢"气质

为了被阅读，它就必须让自己被大家所理解，就务必根植在广大读者所熟悉的代码、框架之中，以有效提升它的可解程度。把这种接受理论运用在语言传播上，乃至二人转欣赏和接受性审美上非常契合。其普遍用自己习惯的方言或者土语赋予"异化"改写，甚至"声腔也随着方言发生了巨大的变化"，与此同时在广阔无边的语境以及语区当中自由自在地传播开来，给语言以通俗化和重新命名，成为可观性和可听性更强的语言世界。人们交流沟通的第一要素，是日常应用的方言以及土语，此类让观众熟悉的方言与土语为二人转注入了更多的、更加鲜活的生命力和灵性，同时也给东北人民带来一种语言情境的回归感，让人倍感亲切。此外，二人转东北味道饱满，加之其通俗的唱腔曲调，让任何文化层次、理解能力不同的受众都可以接受、可以听懂，听二人转、看二人转的时候就像在唠家常，甚至有一种身临其境的感觉，哪怕是外地人，也会对二人转感觉新鲜，不会产生匪夷所思的感觉。

而二人转语言当中情趣的"狂欢"气质，极为突出和明显地展现在了其幽默滑稽、朗朗上口的说口上。二人转作为发展于东北民间的一种广受老百姓喜爱的"说与唱"艺术形式，"说"和"唱"在二人转当中紧密相连、密切相关，倘若只唱不说，那么它一定算不上是完整的二人转，"唱丑唱丑，全仗说口，若不说口，就算肚里没有"。由此可见，"说口"在二人转当中的地位是非常高的。二人转的说口，源自于东北常见行为——"猫冬"，这种消磨漫漫冬季的娱乐形式，主要是"讲瞎话""打俏皮""扯闲磕""插科打诨"，俗称"耍嘴皮子"。说口有时带有嘲讽的意思、有时又有夸赞的意思，有时讥骂、有时搞怪，给观众以风趣、幽默、滑稽之感，说着愉悦，听着过瘾，并且它也蕴藏着东北人民直爽、酣畅的性格特点。而以上的这些倘若用普通话或者是书面语言来表达，是不可能达到这种效果的，正是与普通老百姓最近的方言和土语的有效应用，才让二人转"说口"魅力倍增，充分展示出二人转这种曲艺的艺术感染力。

如：知名二人转演员陈功范《窗前月下》的一段说口，这一段当中嫂子与兄弟的说口，嫂嫂为了不让兄弟将养兔技术予以公开，劝说兄弟不要让兄弟的女朋友牵着走,而兄弟想的是跟对象好好处,便与嫂子之间展开对话,其内容非常幽默有趣,并且也充分表现出了态度上的坚决。

女:哟!可惜你这男子汉,原先我瞅你挺不善,其实越长越回楂。

男:我咋地了?

女:没过门就把媳妇惯,尽随人家手腕转,好像大倭瓜,一掐就稀面,不是嫂子嘴黑爱揭短,你比你哥还完蛋!

男:那嫂子你说得咋办?

女:要我说就这么办,咱也别哄,咱也不劝,她黄就黄,散就散,掰就掰,断就断!

二、东北小品、影视剧的魅力基石

最近几年,东北影视作品、小品火爆全国,收获了海量受众,其中东北小品已经成为春节晚会当中必不可少的节目。作为社会转型期的一种文化现象,在当下可以打破、跨越区域文化阻碍,获取天南海北不同文化水平、不同阶层、不同性别、不同年龄等群体的热爱,可以在多种传统艺术形式当中占据一席之地,其主要原因是多层的,除了表演、创作之外,其中一个非常关键因素是东北方言的运用。东北方言不但在较大的程度上具有其独具魅力的吸引力,同时也充分表现出了黑土地的地方特点、文化根基以及幽默风趣、热情似火的生态环境。

(一) 艺术真实与生活真实的高度统一

东北方言具有生动、形象、亲切、质朴等一系列特点,其乡土气息带给人一种回归自然的美感,较大程度地拉近了受众同作品之间的距离,看小品、看影视剧就好像唠家常一样。著名剧作家、国家一级编剧,《刘老根》《马大帅》等多部知名影视作品编剧何庆魁先生,在吉林艺术学院学术交流讲座的过程中表示:所谓"真实"指的是对观众的真诚,对真善美的一种追求;"生活"则是指作品要贴近生活,贴近时代,贴近观众。艺术作品的真实性和生活的真实性的高度统一打动了每一位受众。例如:

"儿媳妇啊,整俩硬菜,家里来客(qiě)儿啦!"(赵本山、宋丹丹的小品《策划》)

"刘英你真完犊子(没有出息),你就不会一哭二闹三上吊啊?"(影视

作品《乡村爱情》第2集)

(二) 打造浓厚的幽默气氛与喜剧效果

最近,大家看到的东北小品以及影视作品,带给我们的印象大部分都是风趣和幽默,春晚舞台上的东北小品已持续十几年被当成压轴节目,当广大受众被演员幽默搞笑的语言、夸张生动的神态以及动作逗得哈哈大笑的时候,有没有想过,这些笑声不仅是演员精湛的表演能力,也归功于东北方言本身的幽默和风趣。例如:

宋小宝:"别瞎问,我是男的!你说你们这几个人儿,谁逮谁问,谁逮谁问,这几个小老太太一天把我问懵圈了都,把我问得我自个都不道自个咋回事儿了,这一天天的,现在上厕所我都不知道是蹲着好还是站着好了。"(赵本山、宋小宝、赵海燕小品《相亲》)

(三) 人物形象个性化、丰满化,作品特色化

语言是思想的外包装,小品与影视作品利用演员的语言、动作以及神态和表情来表达角色形象和整个作品,语言是小品和影视作品最为重要的元素之一。具有非常鲜明的地方色彩、浓厚的感情元素,东北方言运用在小品与影视作品中,让角色更加形象,个性更为突出,也让整个作品更丰满充实,赋予其与众不同的效果。例如:

赵本山:"你们这急头白脸吃一顿多少钱?"

小沈阳:"吃饭咋还吃急眼了呢?"(赵本山、小沈阳小品《不差钱》)

"急头白脸"指由于不冷静,心里不痛快或者不满所表现出的言语尖刻、脸色难看等不愉快的表情。赵本山用"急头白脸"来形容最大程度的吃贵的、吃好的、吃饱的,来表现小品中的人物要面子但又不想花太多钱的心理活动及个性化的人物形象。例如:

刘大脑袋:"我咔咔的在那儿指挥他们,我感觉自己是老大。"(影视作品《乡村爱情》)

"咔咔"形容特别立整、整齐或雷厉风行。"咔咔"从字面上看是一个象声词,用这个词的在这里可以表现出人物自我感觉非常好的人物形象。例如:

赵本山:"我儿子净整这隔路事儿,让我这当爹的替他相媳妇儿,现在都啥年代了,我这当老人的还掺和啥劲儿。不来吧,他就跟我来气儿,

那孩子哪点都好,就是有点驴脾气儿,这也不怪他,我也这味儿!"(赵本山、黄小娟小品《相亲》)

倘若把其中的"隔路"与"掺和"换成普通话当中的"新鲜"和"干预",尽管意思是一样的,不过"隔路"更有与众不同的意思,也赋予话语一种古灵精怪的感觉,"掺和"更有自身否定的含义,使用东北方言之后的艺术效果更能突出个性,作品也变得更加有特色。

第四节 东北方言的地域文化体现

随着《刘老根》《双喜盈门》《乡村爱情》《圣水湖畔》《别拿豆包不当干粮》等一系列东北农村主题影视作品,和以赵本山为核心的《卖拐》《相亲》《红高粱模特队》《老拜年》等东北小品的热播,东北文化在全国范畴当中广泛传播,地域以及民间的文化意识被唤醒,东北方言成为现阶段最流行的方言之一,东北地域文化也随之被大范围地传播开来,让我国其他地区的人民群众深刻地了解了东北。东北方言在表达东北地方文化的过程当中,表现得淋漓尽致、游刃有余、别具特点,倘若说东北方言是一种社会现象,还不如说东北方言是一种文化现象。

一、东北方言对东北人性格的反映

(一)语音的特殊性反映出东北人的率直与质朴

有人说东北人讲话高亢有力、抑扬顿挫,不像北京人那样温文尔雅,也不像江南人那样柔声细语,东北人喜欢放开嗓门,高声谈笑,豪迈粗犷。这可从以下几方面得以体现:

1. 平翘舌分不清楚

东北方言将一部分的翘舌音发成平舌音,尤其是辽宁地区。

例如:我们沈(shěn→sěn)阳可美了。

2. 调值的变化,阴平变阳平,阳平变去声

例如:老姑(gū→gú)父你这是啥啊!

别(bié→biè)老说人坏话。

3. 很多零声母音节加上了声母"n"

例如：你咋给我安（ān→nān）排都行。

4. 儿化音使用得非常频繁

例如：出来一起喝点小酒儿、唠唠嗑儿！

谢兰："长山，既然咱俩话都说到这个份儿上了，我也跟你说点实话。"（《乡村爱情》第30集）

从以上内容不难看出，东北方言语音的整体特征是：重、硬、直、浓，充分反映出东北人民直爽和朴实的性格特点。

（二）极具表现力的词汇充分彰显了东北人的粗犷、热情与豪迈

很多人都说，东北人无论是说话，还是办事那是相当的有力度，这和东北人的外部形象以及性格非常契合，驰骋林海与固守田园的差异也从这里展现了出来。当然，这也是可以通过极具表现力的东北方言找到答案的。

1. 普通话个别字的变音表现了东北人的粗犷

我们都非常熟悉的一段对话，两个东北人在大街上因为一不小心的碰撞，便争吵起来：

甲说：你嘎哈（shá→há）啊？

乙说：没嘎哈啊！咋的啊？

甲说：没嘎哈你那是嘎哈呢？

乙说：我嘎哈不嘎哈你想嘎哈？

结果，其实两个人知道这种争吵很难有一个结果，也不具备实际意义，但是两个人都不"嘎哈"就可以结束了。

2. 词意丰富的动词传达东北人的热情

东北方言中词意最为丰富的动词莫过于"整"，其语意非常多，喝酒的时候经常听到"快点整啊！你这养鱼呢！"，此处的"整"就是"喝"（酒）、"干"（杯）等含义，"干"在程度上仅为一般程度的劝酒，而"整"则给人一种不喝不行的感觉，其比"喝"和"干"来说更加具有表现力，力度更深一层。吃饭的时候经常听到"可劲儿造"，"造"就是"吃"的意思，"造"给人的感觉是尽量多吃、吃到吃不下为止，"造"相对于"吃"来说，其程度更深一些。两个词均能够充分地反映出东北人的热情与豪爽。

3. 表示程度的叠声词尽显东北人的豪爽

东北方言中表示程度的词有大家非常熟悉的"贼",而近几年"杠杠""嗷嗷""嘎嘎"等叠声词使用的频率越来越高,东北人在语句当中用上这些词,同时在发音方式上配上对这些词的加重、加强、拉长,使人听起来更加绘声、绘色、绘形,尽显东北人的直率与豪爽。

二、东北方言对地域文化的折射

(一) 方言的称呼类表达

东北方言在称呼类的表达当中,也具有独特的交际习惯与行为模式,有的时候可以看作是一种交际方略,是对东北地域性文化某一方面的一种折射。

例如,在去往东北某个城市的火车上,一个女孩发现对面的小伙儿一直非常细心地照料一个老人,非常感动,就问小伙子:"这位老人是你什么人啊?"小伙子回答:"这是咱妈,咱妈心脏不好,刚从北京协和看完病回来。"(小伙子为辽宁人)女孩当时十分尴尬,脸上露出一些不高兴的表情,"你怎么这样说话,她怎么会是咱妈呀?我跟你又不认识!"女孩将"咱"字在普通话当中的用法讲述给老人和小伙子听,这让老太太与小伙子也很尴尬。可见,如此简短的对话,引起了一场误会,外地女孩对小伙子的回答表现出了不满,主要原因是对"咱"这个字的差异化理解。在女孩理解当中,"咱"这个字包含了谈话双方,而自己又不是小伙子的媳妇,也不是小伙子的姐或妹,小伙子称"咱妈"显然是非常不妥当的,但是对于小伙子来说,"咱"只不过是自己的一种表达习惯,并不包括谈话中的对方,这就是东北方言的交际习惯和行为模式(以上表述以辽宁人为主)。

此外,大量外地人对于东北方言当中的一些称谓方言感觉是非常怪异的,但是又感觉这些词语非常有趣味性。有人调侃道:"倘若你和一个东北人是好朋友,那么他跟你说话时就会把他自己的亲人与你联系到一起,或者将你的亲人和他联系到一起。比如东北人提起自己老婆的时候,常说你嫂子、你弟妹怎样怎样,以此类推,你姐夫、你妹夫、你叔叔、你大外甥女等,让你感觉你就是他们自己家人一样。等你再见到这些人的时候,他们便已成为你'熟悉'的人,很大程度地拉近了你与他们之间的关系,也是一种增进彼此感情的途径。"

在东北的方言当中，亲属称谓被应用的频率比较高，适用的范畴也比较广阔，比如赵本山、高秀敏、范伟经典小品《拜年》当中的一段，范伟道："哎呦，你是？"高秀敏道："我是你老姑。"范伟道："老姑？"高秀敏道："啊，咱俩原来一个堡子的，父老乡亲，小米饭把你养大，胡子里长满故事，想没想起来？"由此可见，在东北方言当中，老百姓对于这种亲属称谓方式是比较青睐的。

从以上几个例子中能够充分地反映出，生活在东北的人看来，整个社会与交际圈在一个个大家庭、大环境当中，人和人彼此之间就像一家人一样的文化和心理以及农业社会特点，让人生活在东北地区感受到亲切和熟悉，拉近了彼此之间的距离，并且也展现出东北人热情似火以及与生俱来的亲和力。而亲属称谓的使用则体现出以此为一种交际策略、交际手段的文化心理，以拉近彼此之间的关系，达到某种交际目标，并且还是一种血缘意识与亲情意识在语言这一层面的有效反馈。

（二）"猫冬"的习惯

"猫冬"这一词语，是满族保存下来的语言，"猫"的意思是躲藏起来，"猫冬"也就很好理解了，即躲起来过冬天，泛指躲在家里不外出。曾有人这样形容过去东北的生活，"过年仨月，种田仨月，干闲仨月"，尽管如此说有些许的夸张，但也是有一定道理的。"猫冬"这个词语充分展现了东北地区普通老百姓的一种生活状态和习惯，涵盖了东北不同于其他地区的文化特色。

东北地区"猫冬"的这种习惯和其自然条件以及气候条件是密不可分的，冬季寒冷而又漫长，不能劳作，户外的一些活动也会受到较大程度的制约。尽管农作物一年一熟，不过东北地区的耕地面积非常广阔，年均粮食产量足够一家人一年的正常使用，尤其在农村，秋收以后，就进入了农闲时间，就算在城市当中，冬天大家的户外活动也比其他三季要少。在这漫长的"猫冬"时间里，大家总得找一些事情去消磨时间，于是躲在屋里打牌、喝酒、吃火锅，老婆孩子热炕头成为"猫冬"中主要的活动。

如今，东北人冬季的各种活动逐渐增多，"猫冬"已经变成了一个精神符号，从像蜷缩在火炉旁的小猫一样躲在家中，变成了冬季各种娱乐活动的代称。早年的那些"猫冬"画面只能存在儿时的记忆里了。

（三）独特的娱乐方式

1. 抓嘎拉哈

在过去的东北地区，儿童时常玩耍的一种名为"抓嘎拉哈"的游戏，嘎拉哈来自于满族语言，是羊、猪、狍、牛等一些动物后腿关节中的一块小骨头制成的一种玩具。为了让嘎拉哈更为美观，人们给嘎拉哈涂上颜色，一般涂红色比较多。嘎拉哈一般有四个面，东北人为其四面分别起了名字，凹面为坑儿、凸面为肚儿，另外的两面分别为宝儿和玄儿，利用上下左右四面的不断转换开展游戏。玩法是先把嘎拉哈分散开来，将小布口袋抛起，在口袋抛起的短暂时间里，依次翻动嘎拉哈的四个不同的面，或根据规定个数把嘎拉哈抓起来，嘎拉哈不同的面，有着差异化的累计标准，以此决定胜利和失败。玩法当中最难的当属抓四样，四样指的是四个面的嘎拉哈各有一枚。由于四个面的嘎拉哈在随机散落的过程当中难以仅凭运气形成四种样式，在口袋抛起的短暂的时间内，要从随机散落的不同的面分别抓完四样嘎拉哈而又不碰动其他嘎拉哈，非常不容易。过去的东北女孩大部分都会玩嘎拉哈，嘎拉哈也是大姑娘和小媳妇彼此之间互相赠送的一种小礼品，因此老一辈东北妇女的成长记忆总是与嘎拉哈息息相关。

2. 扇啪叽

东北地区，儿童另一种比较常见的游戏名为"扇啪叽"，啪叽是印有各种图案的圆形纸壳，图案大部分是儿童喜爱的动画片当中的人物。也有用纸折成四方形的啪叽。玩法是先通过石头剪刀布来决定谁先开始，对手会把啪叽放于地面，先开始的人利用技巧和力量，用自己手中的啪叽去扇对手的啪叽，只求将对手的啪叽打翻面，倘若打翻，地上的啪叽就归属于胜利者，倘若没打翻，就要由对手来扇自己的啪叽。这一游戏男孩受众更多，玩时大家还在一起吆喝，非常愉快、热闹。

3. 放爬犁

"爬犁"又被称之为"雪橇"，是东北地区冬季广泛流行的一种交通工具，如马爬犁、牛爬犁以及狗爬犁等，人们最为熟悉的当属狗爬犁。狗爬犁是赫哲族人民生活生产中一种重要的交通工具。爬犁除了当做交通工具以外，也被当作娱乐工具，冬季时节，在一个高坡处，人坐在爬犁上面，从上面滑下，称为"放爬犁"，此类娱乐活动广受群众的喜爱。并且在东北的很多滑雪场、冰雪公园或旅游景点当中，爬犁也成为人们热捧的娱乐项目之一。

三、乡土风情的代言

乡土，不单单是民俗意义的民间，也不单单是地理和历史意义上的故乡，更是灵魂栖息的一方沃土。方言是乡土文化之一，东北人民在这片广袤的黑土地上打渔、捕猎、农耕，自给自足的经济方式让东北人的生活方式和思维方式逐渐乡土化，一面临海，三面环山的地理阻隔和半封闭的状态也让东北人形成了浓厚的乡土情结，人民群众生产作业和日常生活中创造出来的东北方言，毋庸置疑带着浓重的乡土味儿，这种乡土味儿在人民群众的思想中不仅是对土地的恋恋不舍，更多的是一种精神回归故里的情怀。

有人表示，东北方言讲起来土里土气、俗不可耐，但是笔者则认为此"俗"并非彼"俗"，此"土"并非彼"土"，东北方言虽然通俗、乡土，但是并非庸俗、土气。东北方言的乡土气息，正是其作为语言个性的地域文化价值的一种深刻呈现。

例如：形容由于无言以对，不张扬，老实憨厚，用"瘪茄子"来形容，这是因为茄子被霜打以后，呈现出的蔫巴状态而引申过来的词语；形容丢下应承担的工作，对工作不再负责，用"撂挑子"来形容，这是在劳动过程中，放下手中劳动工具不干活而引申来的词语；比喻双方动手打架，用"支黄瓜架"来形容，这是双手搭在或扯住对方的肩部摔跤的姿势，就犹如支起的黄瓜架子一样而引申过来的词语；比喻说话做事比较跳跃，没有中心思想，把握不住重点，用"东一杵子、西一棒子"，直意是一面使用一种工具劳动一下，一面使用另一种工具劳动一下，也是劳动延伸而来的词语。从这几个例子能够看出东北人在农作当中创造出的方言，是极具乡土气息的，运用起来非常通俗易懂，也十分的形象和自然。

第五节　东北方言的发展趋势

人类社会的生活都是在特定的地理环境以及文化背景之下开展的。语言作为人类社会的交流工具，无论哪一种语言的发展均和经济发展、文化背景变迁以及社会生产生活有着必然的联系。方言作为一种民间地域的口头语言，会承受以下几个方面变化带来的影响，而处于不断的改变当中。

一、使用频率低、不合时宜的东北方言逐渐更替、消亡

随着社会的不断发展，生产生活方式的变化，很多与传统的生产生活方式相对应的或者不合时宜的东北方言正在逐渐消亡，个别使用频率比较低的东北方言则逐渐被更替。如"巴铜子"是一种用来连接以及固定的工具，当前这个词已很少出现了，甚至年轻人根本没有听到过这个词；"把头"指的是旧社会垄断某种行业从中获取利益的人，如"烟把头""煤把头"等，现在该词语基本已经消亡。同时，随着科技和社会的发展，很多渲染迷信的词语，如"聚魂""请神"等也已经不经常出现了。现阶段，东北人的生活节奏加快，新兴事物的不断涌现，大量流行语和网络语言的使用频率、出现频率不断提高，让很多东北方言被这一类原因所取缔。

二、多数东北方言凝固与传承并存

方言是民间的、地域性的口头语言，其传承发展主要依靠人与人之间的口头交流完成。随着社会的持续发展，交流方式的改变，多元化的交流方式让东北方言在一定程度上处于停滞状态。例如当代社会当中，我们除了口头交流之外，QQ、微信、电子邮箱、短信以及各种网络平台的聊天功能等被广泛运用，东北方言当中很多语言是文字无法书写出来的，那些没有文字对应的词语，在上述交流方式的应用中使用率非常低，长此以往逐渐被停滞；此外，语言一体化趋势，大范围的推广普通话，也让东北方言趋于停滞。很多方言之间不管是语音或者是词汇，甚至语法大都可能存在很大的差异，有着非常严重的交流障碍，这种情况下对我国经济的发展、社会的进步是不利的，因此我国的《国家通用语言文字法》对语言文字规范化以及推广普通话进行了极为明确的规定，这就表示东北方言在这样的大环境下，难以避免地经受社会政治背景变化所带来的巨大冲击。

和停滞共存的则是传承，两者之间并不矛盾。首先，方言是地域文化等的重要载体，有着不可替代的文化价值和文化内涵。其次，使用方言的人对方言普遍有很强烈的认同感，这种情感并不是行政指令就可以完全转变的。语言一体化不是要将我们使用了几代人的方言一网打尽，而是让公民讲方言、说方言、用方言的同时，也掌握较强的普通话能力，可以使用国家通用的语言，继而在语言的社会运用期间，达到主体性与多样性的统一，使其和谐发展。

三、部分东北方言词汇使用的地域性不断扩大

方言最大的特色就是其具有非常强的地域性，不过随着东北小品在全国范围内认可度的不断提升，东北影视作品的火爆，以及东北人的不断南移，东北方言的个别词语不但走出了东北地区，而且也在全国范围内被广泛应用和认同。如"嘚瑟"一词是东北方言中使用频率非常高的词语，在普通话当中很难找到类似的词汇去代替它，正是因为这样，在不同的场合及语言环境当中，也就有了很多差异化的含意。含意丰富加之其感情色彩浓郁，且在小品和影视剧中经常出现，"嘚瑟"一词使用的地域性持续拓展，我国除东北地区的其他区域也可以听得懂"嘚瑟"，并且能合理地使用它。再比如，"忽悠"一词也是东北方言中一个口语性比较强的词语，赵本山的《卖拐》系列小品中"忽悠"是小品的灵魂与主题，这让全国人民都懂得了"忽悠"的意思，并接纳了"忽悠"这个词语，随后这个词不断在各种媒体当中出现，使用频率大幅度上升。

第二章
民俗文化创作中的东北方言词汇

在人类精神活动与创造的过程中，方言是地域文化的标志之一，是地域文化杰出的精神创造，是一个地区不可丢失的重要文化，是人类基本的情感活动的一种呈现。方言参与和构建着一个地区之中的文化环境，是人类文化生存下去的沃土，也是人类所创造出来的文化土壤，方言的表达约定俗成、融汇着当地使用者的风俗习惯和信念信仰；用词达意准确，刻记着当地老百姓的语言在不同时期的发展变化轨迹，其很少受到社会生活某些规则的制约，蕴含着使用者的个性和文化特点，所以很多方言都具备鲜明且独特的个性。

正是因为方言是既定一部分人特有的思维、认知能力的产物，是传统文化多元化的重要体现，其中隐含着各地区的差异化的心理意识，蕴含着丰富、深厚的历史文化积累，以及鲜明的人文心理特征与"仅能意会，不能言传"的深层的内涵。正是因为这样，方言个性特点和文化表达的多元性，让其成为了优秀方言艺术作品创作中不灭的源泉。表演作品创作中的人物的语言，和艺术表达的特定视角吻合时，即成为作者叙事语言的一个重要组成部分，和一切艺术表达手法相同，是人物塑造的方法之一。方言在表演作品之中的应用是对特定社会背景下的日常生活、劳作规律的探索，是对特有文化环境下的特定文化心态的一种别出心裁的挖掘，通过上述过程力求反馈出生活的真谛。

在艺术创作的过程当中，作者经常想在作品的有限空间当中，尽可能地传达出全方位、多角度的作品信息，尽量表现艺术的生命力和艺术的灵性，尽量超越原有的具体生活的特指蕴意，尽量表达出深远意味与深刻的寓意，为广大受众带来深刻理解剧情发展、了解人物性格的关键线索。作品当中的人物语言，是一个信息量巨大的传递媒介，其应用并非仅停留在对生活的"照相式"反映上，我们从人物的语言表达中，能够窥视出人们文化的心理层次，能够从中暗示作者的创作契机和创作意图。正是因为这样，方言往往被艺术家们构建成了表演作品意蕴表达的关键构成部分，语言更是人民群众最普通的、最基本的对地域文化的一种认同。

第一节　东北方言的语法差异与语音特点

一、东北方言的语法差异

东北方言的语法差异和我国另外的七大方言系统对比，东北方言是和普通话在语法以及句法上区别最小的，但正是这些微小差异，导致东北方言相对于普通话更为鲜活有趣。

（一）形容词充当前缀

东北方言的形容词的最大特点是双形容词性，也就是有时候一个形容词会不够，还需要通过另外一个形容词作为某形容词用来强调的前缀，其主要目的是对后面一个形容词起到加强和强调的意思。例如"老"火了、"溜"光水滑等一些东北词汇。

例1：这土豆子稀烂贱的，我去买两兜儿去。

稀烂贱：商品价格非常便宜。"稀烂"用来加强"贱"（东北方言"便宜"的意思）。

例2：刘英："你可真是老好了"（《乡村爱情交响曲》第15集）

老好了：意为非常好。"老"则表示"非常、特别"的意思，用于加强好的程度。

（二）AA 和 AABB 式形容词

东北方言的形容词在构词方式的层面，还融括了相当数量的AA以及AABB类型的重叠形容词。AA式如"杠杠的""邦邦的""叭叭的""嘎嘎的"，AABB式如"褶褶巴巴""敞敞亮亮""亮亮堂堂""神神叨叨""磨磨叽叽""利利索索""漂漂亮亮""扎扎呼呼"等。这些变化每一种都能带来形象又诙谐的效果。

例1：赵大宝："我还叭叭给人上课呢，我媳妇儿，我媳妇啊！"（赵本山小品《心病》）

叭叭：指嘴不停地连续说。形容口齿伶俐或不服气的样子。

例2：范德彪："你老马马奔奔，嘚嘚瑟瑟，你干什么玩意？你要是不愿意干，就赶紧写辞职报告。"（《马大帅》）

马奔：动词，"马奔眼睛"表示瞪或瞟一眼，"马马奔奔"表示不乐意、不服气的样子。

嘚瑟：动词，一是表寒冷，二是炫耀的意思。"嘚嘚瑟瑟"在这里表示目中无人的态度。

例3：黑土："坐下，稳稳当当的噢。"（赵本山小品《奥运火炬手》）

稳稳当当："稳当"的AABB式复合形容词，加强"稳当"的程度。

(三) 名词后缀以"子"

此类用法在东北方言中比较常见，如熬大酱的大酱块，叫做"大酱块子"；土豆叫"土豆子"；剪刀叫"剪子"；又如脑袋在东北方言中又叫"脑瓜"，也可以叫"脑瓜子"。对人的称呼上也可以后缀以"子"，如昵称自家女儿"丫蛋儿"，也可以叫"丫蛋子"，称男性儿童、少年为"小小子"或"臭小蛋子"。这种朴拙的韵律化方言朗朗上口，节奏感较强。

例：赵本山："既然已经从乡长变成了三胖子，咱就别再照头再给一棒子。"（赵本山小品《拜年》）

二、东北方言的语音特点

地域方言一般来说，其最大的特征主要展示在语音上，我们评判一个人是来自什么地方，一般从他说话的语音上开始判断。东北方言语音有以下几大特征。

(一) 儿化音使用较多

儿化音在东北方言许多词的发音当中都很常见。这在一些东北方言题材影视作品当中表现明显。

1. 人物的名字

如小品《相亲》中的老蔫儿；电视剧《乡村爱情》中的赵四儿；情景剧《东北一家人》当中的牛小玲儿；小品《不差钱》中的丫蛋儿；小品《红高粱模特队》中的小辣椒儿；小品《小九老乐》中的小九儿；小品《不差钱》中的小沈阳儿；影视作品《刘老根》中刘老根儿；影视作品《乡村爱情故事》中的大脚儿……

2. 对白

"人家大伙卖鸭梨，关你啥事呢？还非得上你这来买鸡，那根本不挨边儿的事！"（《乡村名流》第1集）

药匣子："反正你一个老娘们儿跟着瞎闹哄去。"（《刘老根》第12集）

刘老根:"小酒儿喝着、小菜儿吃着……"(《刘老根》第7集)

长贵说:"谁知道啊!连点影儿都没有,八杆子打不着的事儿。"(《乡村爱情故事》第32集)

刘能:"你得去呀,全村儿都去了,你是个场面人儿,你要不到位,那对你影响多不好。"(《乡村爱情故事》第4集)

在带有东北方言的影视作品中,像此类日常对话可以说举不胜举,为广大观众留下了非常深刻的印象。同时这也是对普通东北语言的一种极为真实的写照,这些儿化音具备朴实、直率、随性等特征,又具有亲切、活泼的特点,让语言更为俏皮生动,朗朗上口,富有更多的韵味。

(二)平舌音和翘舌音的混用

1. "r"读成"y"

和普通话相比,东北方言中经常把声母"r"读成"y"。例如:

"俺们这旮儿都是东北人(rén→yín)。"(雪村歌曲《东北人都是活雷锋》)

2. "z""c""s"与"zh""ch""sh"

在东北方言中,东北方言中的"z""c""s"与"zh""ch""sh"的区分不是很清楚(主要指辽宁地区),把平舌音发成翘舌音(这种情况较多)或是把翘舌音发成平舌音(相连两个词中有一个翘舌音时)的情况经常发生。例如:

丁香:"李哥,你这是咋(zǎ→zhǎ)整的,怎么还干拉了呢?"(《刘老根》第14集)

(三)韵母"o"的发音为"e"

东北方言同普通话相比,除了"我"的发音以外,没有单韵母"o",只要是"o"的发音全都读成"e",例如:

例1:大辣椒:"药匣子,你在这摸摸(mō→mē)搜搜的嘎哈呢!"(《刘老根》第13集)

例2:药匣子:"我把这陈皮簸簸(bò→bè)"(《刘老根》第2集)

例3:药匣子:"别跟我在这破(pò→pè)马张飞的。"(《刘老根》第14集)

(四)其他情况

1. 把"客"读成qiě

例:"儿媳妇啊,赶紧整俩硬菜啊!家里来客了!"(赵本山、宋丹丹

小品《策划》)

2. 把"色"读成 sǎi

例1：送水工："你看我这命啊，整个帽子还是绿色的。"(赵本山小品《送水工》)

例2：宋小宝："其实吧，以前的这色儿也没有这么深，后来有一次吧，我推了一车煤往锅炉里送，结果跑快了，连人带车一起射进去了。得亏我腿脚快，我爬出来了。然后就变成这个色儿了。"(赵本山、宋小宝小品《相亲》)

例3：宋小宝："瞅你那损色。"(赵本山、宋小宝小品《相亲2》)

3. "an"读成"nan"

和普通话相比，东北方言鼻韵母"an"，在零声母发音的过程中，习惯加上声母中的前鼻音"n"。尤其是上了岁数的东北人，更习惯如此发音。比如：

例1：刘老根："还带着四个保安。"(《乡村爱情故事》第11集)

例2：二龙湖浩哥："给你安排的明明白白。"(《四平青年》)

例3：丁香："那你怎么安排我？"(《乡村爱情故事》第12集)

4. 声母中的普通话"街"

例："走啊，上街（jiē→gāi）溜达溜达呗。"

第二节　东北方言的民俗特色及魅力

方言作为传播的核心，以其独有的地方特点代表了当地文化传统的巨型框架背景，带给人一种朴实无华的自然美。回顾近年艺术文化市场当中，东北方言的表演作品可以说大放光彩。从各大卫视热播的影视作品《乡村爱情故事》《刘老根》《老大的幸福》《雷人老范》等，到大量使用东北方言的电影《三枪拍案惊奇》《猛虫过江》《煎饼侠》《西虹市首富》《夏洛特烦恼》《大笑江湖》等。从央视春晚和各大晚会中的小品，到各省级卫视的东北方言电视节目，如《本山快乐营》《爱笑会议室》，再到很多脍炙人口的东北方言歌曲《东北人》《东北人都是活雷锋》《我的家在东北》等，东北方言可以说在各种类型的表演创作当中大放光彩。此类表演艺术形式，也获得了广大受众的认可与喜爱。因此可以发现，东北方言在表演艺术创作当中是具有非常大的价值的，为此类表演作品的成功增加了创作灵感和独特的魅力。东北方言有着自己的地域特点，所以在艺术表现上，形成了别具一格、独具特色的魅力与吸引力。

一、粗犷豪放

东北方言的语言风格和东北人的性格有着直接的关系，生活在黑土地上的东北人，因气候环境恶劣，常年和冬季风雪交加的自然环境斗争，这让东北人生性勇猛。东北土地广阔、人烟稀少，也让东北人心胸辽阔。不管是东北的原住少数民族，抑或是闯关东来到东北的外来居民，均在这片土地上养成了粗犷豪放的性格特点，并充分地展示在语言上，说话干脆利索、直截了当，语言粗放，嗓门洪亮。

例1：拉倒

"拉倒"在东北方言中的意思是作罢、算了，这个词语使用的频率是比较高的。

丁香："你快点拉倒吧，晚进来五分钟，我栽你手了。"（《刘老根》第16集）

例2：好使

在东北方言中，好使有多种意思。

一是指物品能用、好用，而且用起来舒服。如，谢大脚："咋的了这是？"永强妈："受伤了，耳朵不好使了。"（《乡村爱情故事》第22集）二是指人品、能力等方面，如说某人"心眼好使"，指这个人心地善良或善于察言观色；说一个人"脑袋瓜好使"，指这个人聪明。三是指某人的办事能力强或惯用。如，二龙湖浩哥："我不好使咋的，赶紧把你们领导叫来。"又如，刘能："你说董事长一句话都够我跑断腿儿的了，那跟齐三太说一句就完事了，就好使。"（《乡村爱情故事》第8集）

例3：扯

在东北方言中，"扯"指的说话、联系等意思，在具体的对话中，根据搭配的对象不同有不同的侧重，解释也存在一定差别。如，谢广坤"永强，你跟他们扯啥啊？那都不是啥好人"，这里的扯指的是联系，意为"你跟他们联系什么？"（《乡村爱情》电视连续剧）

例4：豁

"豁"，表示不惜付出任何代价的意思。如，钱大爷说："他就是没赶

上，赶上了啥都豁出来。"（赵本山小品《捐助》）

二、生动俏皮

东北地区地广人稀，四季分明，东北方言来源民间日常生活，一方水土养育一方百姓。东北人直爽大气，在语言方面也经常表现为开门见山、俏皮、幽默、生动，充满浓郁的乡土文化气息，用语比较直接，一般不会拐弯抹角，但是又能将意思表达明确，概括力非常强。此类词语在东北方言的表演作品中也经常出现。

形容词、副词，如"噔噔的"形容很多、很紧、很重。如，刘能："谢广坤他要见着我，你说他能不得把尾巴给夹地噔噔的？"（《乡村爱情故事》第15集）又如"噔硬"，"这馒头都多少天了，我说怎么噔硬噔硬的呢？"又如"带劲"，用来泛指值得夸赞的事物，形容其非常好、漂亮等，李野："大哥，这小姑娘长得也太带劲了。"（《四平青年》第1集）小沈阳："我正搁街上溜达。哎呀，有个小老妹儿，长得可带劲了，长得老漂亮了。"（小沈阳2009北京春晚小品）

动词如"打岔"，一是有意或无意岔开话题，如，"你别跟我在这打岔儿，我问你，你拿你二叔账本干啥？"二是用言行中断别人的说话或者行为，如，皮长山："我真不是打岔啊，主要这水也太凉了。"（《乡村爱情故事》第17集）"白话"意思是说话（通常指胡说、瞎说）。如，"你快别白话了，这电话指定不是那个内容，我去找你们头儿去。"（赵本山小品《年前年后》）又如，"你是太能白话了，死人都能让你说活了。"类似此类的话还有"编巴"，指瞎说，撒谎。如，丁香："你咋那么能编巴呢。"（《刘老根》第11集）再如"倒饬"的意思是修饰，打扮。如，谢大脚："好不容易出趟门我还不得倒饬倒饬。"（《乡村爱情奏鸣曲》第9集）

名词如"红口白牙"，指某人如果被其他人出言诽谤，就会用"红口白牙"来向对方责问，如宋晓峰说："董事长，我跟你请假了啊……"刘大脑袋说："你看你看，就说年轻人吧，气盛，红口白牙张口就来，你啥时候跟我请过假啊你？"（《乡村爱情故事》）又如"二脸皮"，也作"二皮脸子"，指厚脸皮、不知羞耻的人。陈佩斯说："那这半拉脸呢？"朱时茂说："不要了。"陈佩斯说："这可就是二脸皮了。"（陈佩斯、朱时茂小品《主角与配角》）

三、含义、喻意丰富

东北方言的众多词汇中,同一个词的具体含义在不同的语境之下是不同的,这和普通话不太一样。此外,东北方言当中,打比方、顺口溜、歇后语等形式的应用频率也很高,经常语带双关,不但幽默俏皮,还不失准确,可以说是一句顶十句。

如王小利:"刚回来,脚前脚后。"(赵本山、王小利小品《捐助》)用来形容时间间隔非常短。王小利:"现场直憋呀!"(赵本山、王小利小品《捐助》)将"播"换成"憋",一字画龙点睛,把自己有苦说不出的窘境活脱脱地展示了出来。又如,宋丹丹:"怎么的,你这是要起义咋的?"(赵本山、宋丹丹小品《火炬手》)以"起义"一词形容老伴黑土不听指挥。歇后语的使用更是起到了既生动又准确的作用,如"产房传喜讯——升了",这些歇后语将小品中赵本山扮演的角色好面子的性格刻画得活灵活现。

还有一些词语,在差异的语言环境中所表达出差异化的意思,听起来让人觉得有趣,且又值得细品。如"大拿"一词,在不同的句子当中也有差异化的含义。"大拿",指的是特别精通于某一领域,技术非常高超或者办事可以独当一面的人,类似"高手""专家"等,不过稍带有戏谑意味。另外一种解释是:凡是"大"事,都由这个人"拿"主意。这个时候,"大拿"这个词表达的意思并非说话者在真正夸奖对方在某方面很厉害,很有高超,而是一种不是很服气的态度,有点看不上,存在挑衅意味的一种语气。朋友两者之间可以用"大拿"开玩笑。"耍大拿",表达的意思有贬低但无侮辱性,说对方正在炫耀某方面独特、出色,还有等对方下次出丑的意思。王大拿:"你装啥大拿?"刘大脑袋:"你才是大拿呀,我不是。"(《乡村爱情故事》第3集)前面的大拿是王大拿讽刺、挑衅刘大脑袋的语言;而刘大脑袋所说的大拿,一是指大拿的名字,二是暗示王大拿非常有能力,不过也略带讽刺,但以恭敬为主。

还有一些词有一词多义的性质,比如说前文中所说的"整",除此以外,在表演作品当中,还存在很多词语。

动词"得劲儿"指畅快、舒服、舒适,如意、合适,反义词是"不得劲儿"。一是形容(身体)顺手,使得上劲,如"洗完澡可真得劲儿"。二是形容心理别扭,不好意思的一种感觉,如"他一走我这心里还挺不得劲儿"。

名词如"疙(ga)瘩"。一是指块、包或梗阻。"刚才你说锯末子,中药疙瘩冒充十三香,这也没有啊?"(赵本山小品《如此竞争》)二是比喻二者之间存在的误会、矛盾。李秀莲说:"你这么的,找个机会,你哥俩好好唠唠,把这疙瘩解开。"(《乡村爱情故事》第32集)

形容词、副词的例子也非常多。如"哏啾啾"一是用来形容食物口感,韧而不脆,如"你这肉段炸的也不脆啊,一咬哏啾啾的呢。"二是用来形容说话不紧不慢,让人非常着急、生气。如:他说话哏啾啾的。再如"敞亮",原指房间大,给人带来的开阔感和舒畅感,即明亮宽敞的意思。引申意思:一是形容人品比较好,说话做事不藏心眼,大气、爽快。如,小沈阳:"哎呀妈呀,大爷你太敞亮儿了,你也太帅了。"(赵本山、小沈阳小品《不差钱》)二是形容心情开阔。如,"你把话说开了,我这心情也敞亮多了,以后咱就好好处。"

第三节　东北方言的艺术价值

一、使作品的艺术真实与生活真实相统一

在表演艺术创作当中,人物语言应用方言土语,是一种可以和艺术表达的特定视角吻合,又需要尽量传达出作品全面信息,尽量表现艺术真实性与生命力,真实反映生活,又超越原有的具体生活的特指含义。东北方言归于北方方言,与普通话非常相近。原汁原味,幽默有趣,语言生动,活泼鲜活,豪爽直白,语义非常的丰富,具有很强的幽默感,有自身独特的魅力。那么东北方言在表演作品创作当中,其语言优势究竟在哪里呢?这主要在于东北方言丰富化、生动化的方言土语,可以非常完美地突出乡土气息,充分挖掘生活当中的俗语、口语,且语气很随意、具有较强的亲和力与地方特色。此类具有乡土气息的东北方言,大幅度地缩短了观众和艺术作品之间的距离,让艺术作品的真实性得到了明显提高,让人倍感活泼和生动。真实是艺术的生命,因为只有真实的、可信的、接近人们生活

的艺术才可以有效打动真实的人。所以，表演作品的创作，首先要切实做到的就是把作品的真实性和艺术性有机统一起来。

在运用东北方言的表演作品当中，其可以受到大量观众的喜爱，与其生活化的东北方言存在很大的关联。它们把东北小品语言幽默和影视艺术进行了创造性地结合，使用了生活中鲜活的口语以及简单明了的对话。比如东北方言喜剧小品（尤其是赵本山）在央视春晚上取得巨大的成功，那些很短小的对话，诸如"干啥呀""整""爱咋咋地""哎呀，我的妈呀""傻样"等直白、诙谐、贴切的东北话的频繁使用，是其成功的一个非常关键因素，这让整个舞台充满了浓厚的东北乡土气息以及生活气息，不但充分显示了东北小品俏皮诙谐的风格特色，而且又大幅度拉近了演员和观众之间的距离。

在《刘老根》《马大帅》《东北大将军》《乡村爱情故事》《二龙湖浩哥》《老大的幸福》等农村题材影视作品中，充分发挥了以上特点，如同让观众看一部连续小品一样，人物均使用了大量东北方言，风趣、幽默的台词随处可见，有效烘托出了浓郁的生活气息。这几部农村题材的影视作品当中，东北地方语言的特色"口语词"比较多，句式短小并且灵活多变，大幅度拉近了观众和演员间的距离，让观众经常可以捧腹大笑。"那啥""干哈""埋汰""咋的了""损色""膈应""怎么地吧""疙瘩""小样儿"等词语在影视作品中得到了充分使用。通过运用这些方言台词，提高了影视作品的幽默性，带给受众以亲切活泼的观感，带给我们意想不到的效果。东北方言尽管听起来土气十足，但上文已经提到，东北方言并非是真的土，而是能够让人倍感亲切，人物说话的语音、语气和语调方面，幽默有趣，蕴含着在黑土地上生长的东北人独有的东北文化，充满了生动、鲜活元素的东北话，生命力极其旺盛，这也让电视剧当中的人物语言具有了强烈的幽默感。

东北特色方言在表演创作当中，带给广大观众以亲切活泼的既视感，可以起到事半功倍、锦上添花的功效，喜剧效果也是十分明显。对东北人而言，就像自己熟悉的日常生活一般，对于其他地区的人而言，看起来也觉得非常新鲜有趣，并且因为接近普通话听起来也不会让人感到很陌生，这就导致艺术作品当中的艺术真实和生活真实实现了高度统一。倘若在东北农村影视作品当中，让东北农民说着一口标准的普通话，摒弃那些鲜活的东北方言，这必然会减少作品的趣味性，怎么能让观众观看得津津乐道？怎么让观众开怀大笑？没有了东北方言当中的那些独具特色的带有家乡味道、富有幽默感的经典对白，就丢失了其轻松愉悦的特性，让作品平淡无奇、失去光泽，这样的结果不但使真实性无从找寻，也会对收视率产生一定的负面作用。对东北农村影视作品而言，东北方言的真实性，的确是具有不可替代的作用的。

二、塑造了生动的人物形象

方言的个性特点和文化表达的多元性，使其成为我国优秀方言表演作品当中生生不息的创作源泉。表演作品人物的语言创作的过程中，成为作者叙事语言的一个部分，它和所有艺术表达手法相同，属于一种塑造人物的有效手段和途径，方言在表演作品之中的具体运用，是对某一特定社会背景当中日常生活规律的探索，是对上述背景当中特定文化心态的一种新颖化的探索挖掘，通过这一过程更生动地反映出生活真谛。东北方言和普通话比较接近，可以说东北方言就好像一种改变了声调的普通话，能够被全国各个地区的观众轻松听懂，而且还能够让观众感觉到有趣和新鲜，继而帮助作品当中人物形象的塑造，使人物角色变得更为丰满，展示出人物的纯真、淳朴、直爽，或贪图小利，或糊涂，从大方面的性格到微小的人物特点，均可以展示得活灵活现，更接近真实生活当中的原型。

正是因为语言的存在，广大受众才可以更好地去理解与欣赏表演作品，语言是表演作品的关键构成部分之一。方言作为语言艺术当中的一种，一样具有深刻意义，东北方言这种地域性的声腔词汇非常丰富、模式别具一格，富有个性。并且，东北方言当中还存在大量比普通话能更贴切所要表达意思的俏皮话，具有高度的形象感以及幽默感，比如正话反说、以骂表示亲切等，均能够轻易地在东北话中找到例子，东北方言说起来生动幽默、独具特色。

根据表演作品的人物特点，适当地应用一些的方言俗语，会得到良好的效果，这样做不仅可以让作品角色更贴近人物生活原型，让广大观众觉得和人物走得非常近，也可以让艺术作品中的人物形象更为丰满充实，让人物性格的展示变得更加突出，赋予角色更多的活灵活现。

近几年，热播的东北表演作品中出现了很多棱角分明、栩栩如生、广为流传的人物形象，例如影视作品《刘老根》当中的刘老根、药匣子、大辣椒和丁香等;《马大帅》中的马大帅、范德彪等;《乡村爱情故事》里的谢广坤、刘能、赵四等;《二龙湖浩哥》当中的浩哥、李野等;《夏洛特烦恼》中的马冬梅、傻春等;《黑道风云二十年》中的刘海柱等无不受到广大观众的喜欢、好评,而这些观众的赞誉不仅离不开演员出色的表演技巧,更离不开那浓浓的、醇冽的东北方言台词与对白。

影视作品《刘老根》当中,丁香的台词就非常有特色。例如,丁香想在山庄工作,便问刘老根,"你咋安(nan)排我?"后来在山庄工作与人为敌被停职以后,丁香又说,"这事整的多磕碜吧你说,还把我一撸到底了。"(《刘老根》第20集)看到刘老根与韩冰谈话丁香有些吃醋,"你俩说啥呢?咋还跟她摸摸搜搜的呢。"(《刘老根》第13集)综观全剧,可以发现,丁香这一角色在台词方面,不但非常生动有趣,淋漓尽致地为观众展示了一个真实的东北妇女,还很能感染观众,为观众制造感动,通过这部影视作品,观众们清晰地看到了一个在爱情上爱吃醋的、感性的、泼辣的东北中年妇女形象,看到了一个在工作上处处维护心上人的利益,偶尔耍小孩子脾气的、可爱的东北女人。

《乡村爱情》是典型东北农村生活剧,电视剧当中语言全部采用东北方言当中的铁岭方言,很大程度地展示出了剧中人物的个性,极具感染力,很多剧中的语言也开始在观众的生活中流行开来,甚至成为经久不衰的经典话语。在长贵与刘能帮助谢大脚免受李福欺负的一段场景中,有以下一段精彩对白。

长:消停对你有好处。

刘:靠边站着是你唯一出路。

长:任务艰巨。

刘:决不含糊。

长:坚持到底。

刘:保证完成任务。

以上这段对话把两人性格完整呈现,让观众不但能够看出长贵对大脚的感情,也能看出刘能善于迎合的性格特点,话语虽然简短,不过幽默感十足,让观众对角色有了鲜活认识。

又如范伟主演的电影《求求你,表扬我》中,有这样一段对话:

范:你们应该表扬我。

对:为什么?

范：我做了好事。

对：你做了什么好事？

范：特别大的好事。

对：什么叫做特别大的好事？

范：救过人。

对：你救人了？嗯？大人小孩？

范：姑娘。

对：你做好事就为了得到表扬吗？

范：做好事就应该表扬，因为表扬完了有人就幸福。

对：有人？不是你啊。

范：不是。

对：你说什么叫幸福？

范：什么叫是幸福，幸福就是我饿了看着别人吃肉包子，那他就比我幸福；我冷了，别人穿着一件厚棉袄，他就比我幸福；我想蹲茅坑，但是茅房就一个坑，你蹲那了，你就比我幸福。

这一问一答，充分表现出范伟饰演的角色，憨厚、淳朴、真实的性格特点。

三、传播了地域文化

方言是地域文化的关键载体，其背后富含着地域民族性格和民族风情，在艺术创作中，作者总是想在作品极为有限的空间里，尽全力地为观众留下更为深刻的印象。一个高质量作品的价值，经常可以表达出悠远的意味与深刻的境界。相应地，大家从人物的语言表达当中，不但能够暗示作者的创作契机与创作意图，还能够窥视出这种特有选题背景下的地方特色与地域文化。如地方习俗，包括服装、信仰和个人行为等整体表现模式，可以说，方言是表演作品意蕴表达中非常关键的部分，绝对不可缺少，同时也达到了传播地域文化的功效。

东北方言的表演作品正是融合了各地方言的幽默、诙谐以及方言所代表的地域文化、地域特点，是河北方言和山东方言等地区方言经过"闯关东"以后，与东北地方民族（蒙古族、满族）一种融合、发展下的产物，所以东北话让人听起来并不陌生，也比较容易听懂，这使得东北话在传播的过程中障碍很少,为东北文化的传播夯实了基础。东北话可以反馈出东北这片黑土地的风土和人情,隐含着厚重的文化底蕴和内含,展现着东北人民的幽默感,透露着东北人民的风俗习惯,能够反映出社会发展和人们认识的变换,具有非常强的张力以及非常强的感染力,是东北地域文化当中不可缺少的关键部分。每当一部东北方言的电视剧或者电影在全国热播,其中使用过的、极具地方特色的经典语言或词汇,可以在一段时间、全国范围中广泛流行。比如:《卖拐》里的"要啥自行车啊",《马大帅》中彪哥那句"杠杠地",《相亲2》里宋小宝的"海燕啊,你可长点心吧!"以及"瞅你那损色!"这些话至今仍被全国人民广泛使用。

以赵本山"刘老根大舞台"为主要力量的东北二人转团体在全国各地的巡回演出,更是把东北地区地道、正宗的方言、表演,原生态地展现给了观众,其中蕴含的东北文化与普通民众的生活状态传播至大江南北,继而充分展现出了东北人的生活样态与风俗特色,表现了东北人民群众豪爽的性格与朴实的内心,成为发挥东北方言特色的经典。而这些根植于东北的山野乡间、民风民俗之中的语言,有效地弘扬了东北地区的地域特色,推动了南北方的文化沟通和交流。

第三章
东北方言词汇的民俗幽默观

国内现阶段语言学领域专著中鲜有把方言幽默作为对象的研究。秦海燕、曹风霞所著的《东北方言的话语模式研究》(济南：齐鲁书社，2008)研究了东北方言的言语交际规律和交际策略，实现了对东北方言话语行为与话语模式的研究和考察。对东北方言的"招呼类"言语行为、"批评类"言语行为、"玩笑类"言语行为以及"阐释类"言语行为的界定、特征、机制、语效等方面进行研究，并且探讨了东北方言是一种"非自愿话语系统"。该著作填补了东北方言研究的空白，相关研究成果也将作为本书的一个重要研究根据。韩力扬、杨凯的《方言幽默话语解读中的预设分析》(长春：长春师范大学，2015)把语言学当中的预设理论对方言幽默的形成机制展开了讨论，把方言幽默当成一种言语行为，并把方言幽默预设分为"语用预设"及"对比预设"两个种类，认为人们只有了解某言语行为或是了解进行对比的两种方言才能产生幽默理解。

大量学者对东北喜剧作品当中幽默语言也展开了一系列的研究。如周德聪的《基于关联理论的赵本山小品当中的幽默分析》(安徽文学，2016)与甘铭雨的《用关联理论解读赵本山小品当中的语言幽默》(哈尔滨，黑龙江大学学报，2016)，曹鸣佩的《东北方言和东北喜剧小品》(长春：戏剧文学，2015)，胡广发、林小溪的《东北喜剧小品言说张力的语言学批评》(社会科学战线，2015)，马春辉、纪东海的《东北喜剧小品言语表达的语言学阐释》(哈尔滨：黑龙江大学学报，2015)等。这一类的论文虽然是对东北喜剧小品语言特征的讨论与研究，不过研究对象并非东北方言幽默感，可以看作是对普遍言语幽默的机制研究。宋杰民的《赵本山喜剧小品言语地域色彩和时尚色彩的渗透与碰撞》(吉林工程技术师范学院学报，2017)，杨永泉的《"娱乐全国"的东北话》(大连：东北之窗，2015)，敖丽芳的《论东北"二人转"的语言艺术》(北京：语言应用研究，2008)等，综合东北文化对东北喜剧表演的语言风格和特点展开了相关阐释。

第一节　东北方言幽默的表现形式

东北方言非常直观地反映了东北的人文、历史、自然环境以及生产生活方式、人格特点等因素，是上述一系列因素所构成的地域文化信息。在东北历史文化作用下，东北人形成了乐观、积极的性格，笑成为老百姓日常生活中面对困难、挑战的一种常态。正如乔治·桑塔耶那对幽默本质论述的那样：幽默是为了规避一切痛苦的暗示，而衍生出的可爱因素。东北人乐观、积极和开朗的性格特点，促使东北方言逐渐形成了幽默风趣的风格。周福岩认为："作为一种文化体系，东北民间的笑谑艺术对于建构东北人的日常思维乃至促成他们日常生活的再生产而言，是一种绝对不能忽视的关键因素。"东北民间的笑谑艺术充分展示在以东北方言为载体的各种言语表达形式当中，其存在于东北人日常交际使用的熟语当中，存在于东北人民喜闻乐见的民间曲艺当中，存在于记录了东北传说与信仰的民间故事当中，存在于反映东北人生活形态的文学作品当中。现在，东北喜剧作品的广泛流行，让东北方言幽默风趣红遍了全国，征服了全国乃至世界热爱快乐的人。

一、熟语

《辞海》对"熟语"下的定义为："语言中定型的词组或句子，使用时一般不能任意改变其组织。包括成语、谚语、格言、歇后语等。"部分学者在熟语指称范畴方面进行了研究，战思安表示：熟语本身属于一种上位概念，它的范畴比较大，只要是习惯性用法、固定用法以及现成的短语、词组等都在熟语的范畴里面。张德兴表示：我们比较熟悉的熟语一般为谚语或者成语，还有惯用语、歇后语等，此类汉语固有的语言现象、称谓以及成因基本上是一样的，语貌方面也比较类似，存在一定的共性，熟语是一种词汇学术语，它是以上各类语言片段的统称。从微观的视角看来，熟语包括五个不同的属性，也就是语言的定型性、悦耳性、功能性、现成性以及示美性。以上熟语的五种属性相互作用，可以决定某一语言现象属于或不属于熟语。

幽默形成要素与手段较为丰富，熟语是组成东北方言幽默的实体要素。东北方言当中大量的惯用语及俗语添加了语言色彩，让东北方言听起来非常生动和幽默，善用惯用语是东北方言幽默特点和喜剧表现的有效手段。东北人日常生活当中遇到的事情、思维方式以及幽默感都展现在惯用语表达上，甚至是正式场合当中东北人也会使用大量熟语来完成表达。

武占坤表示：文化底蕴是熟语的社会基础，熟语是随着社会文化的进步而产生的，随着社会文化的不断发展而发展的，其是以社会文化作为背景和理据形成的。东北熟语是东北老百姓千百年来的智慧精华，是东北文化在语言上的积累和沉淀。东北方言当中常利用熟语来制作笑料，以此实现幽默诙谐的修辞效果。

在东北，熟语其实就是疙瘩嗑、俏皮话，它们的特点是较为通俗，容易让人理解，并且幽默风趣。随东北喜剧小品在全国范围内的流行，一些东北地区的惯用语也走出了东北这片黑土地成为全国各个地区的流行语，东北惯用语主要是抒情，有对不公平与丑恶现象的看在眼里、气在心上的无可奈何的蕴意，又有对未来美好事物的憧憬和赞赏。下面将常见的东北方言熟语分为歇后语、惯用语、俗语、谚语和哨歌五大类。

（一）歇后语

林海涛、刘信表示："歇后语由谜底以及近似谜面两个部分组合而成，是一种带有隐语性质的口头语。歇后语的前半部分一般是对某一事物进行比喻，这就如同谜语当中的谜面，后半部分则是如同谜语当中的词语一样，是说话人所要表达的本质意思。"歇后语一般听起来俏皮、生动、通俗且具有很强烈的幽默感，是汉语中一种独特的语言类型。东北人民在日常谈话交流的过程中，经常会用到歇后语，这些歇后语听起来有比较强烈的幽默感和节奏感。东北方言当中有过去流传下来的歇后语，也有一些是临时生成的歇后语，此类歇后语当中会融入当下比较流行的元素，使其与我们的生活更为接近。例如，赵本山在《老拜年》当中饰演的"养鱼大王"，为了拒绝妻子的要求说了一连串的歇后语。

"让我玩鱼塘行，让我玩语言好有一比啊，瞎摸杵子上南极——根本找不着北；脑血栓练下叉——根本劈不开腿；大马猴穿旗袍——根本就看不出美；你让潘长江去亲郑海霞——根本就够不着嘴。"

东北方言中的歇后语的功能主要是批评、讽刺等，目的是使语气变得活泼、生动、幽默，使语言极富韵律。

詈语："狗带嚼子——胡勒"指对方的话是胡说。"勒"音 lēi 在东北话里就有胡说之意,而嚼子是给马带的,此处暗指对方的话像带着嚼子的狗一般荒唐可笑。例:这事儿不是明摆着呢嘛,你别在那狗带嚼子——胡勒了。

讽刺:"老母猪吃碗碴儿——肚里有瓷(词)儿。"讽刺人好卖弄文采或好与人争辩。例:你说一句,他有十句在那儿等着你呢!他可是老母猪吃碗碴儿——肚里有瓷儿。"猪八戒照镜子——里外不是人。"指怎么做都不讨好,受别人埋怨,这句歇后语多用于自我嘲笑。例:我跟他们忙前忙后,给自己累的够呛,还没落下人家一句好话儿,最后我成猪八戒照镜子——里外我不是人。"尿罐子镶金边儿——嘴儿好。"讽刺人说话好听,但是不干实事。例:我看你这人儿啊,就是尿罐子镶金边儿——嘴儿好。"剃头挑子——一头热。"一方冷淡,一方热情,讽刺自作多情。例:我听人说他跟李丽挺好的。别扯了,那是他剃头挑子——一头热。"一张纸画个鼻子——好大个脸啊!"讽刺人不知廉耻。例:真是一张纸画个鼻子——你好大个脸盘子,你把事儿整这么磕碜,你还好意思再去找人家!

批评、指责:"络腮胡子吃炒面——里挑外撅。""里挑外撅"是形容挑拨是非、离间等。例:你可别在这络腮胡子吃炒面——里挑外撅了,我俩的事跟你没有关系,我们自己能解决,用不着你来帮忙。"乱线——没头儿。"(乱音 làn),指没完没了的。例:今天我跟你乱线——没头!

(二) 惯用语

学术领域有关于俗语定义、惯用语定义以及两者范畴的研究始终存在争论。杨世昌的《汉语言熟语研究》将惯用语义定义为:"惯用语属于熟语之中的一个类型,其本身属于描绘性质的熟语,表义功能等同于短语以及复合语。不管惯用语的长短如何,均不具备表示性质,不可以产生完整判断,在语言表述的过程当中,很少被当做一个独立的句子使用。"武占坤对惯用语的定义是:"语形简短,字数多少不等,语义比喻或引申,是对行为现象的性质状态做贬斥的评价或情态表述的,习用性特强,定型性有的较弱,有浓厚的情态意味的修辞语句是惯用语。"王勤在《汉语熟语论》一书当中表示,在熟语当中与惯用语最相近的应该是成语,主要区别是外在形态,惯用语是三音节,成语是四音节;在风格上,惯用语的风格是通俗、平易、口语化,甚至粗俗,成语则是典雅、庄重、书面化。

关于惯用语的音节构成,王勤强调惯用语的"三言"特征,崔希亮在《汉语熟语与中国人文世界》一书中所列举的惯用语的示例也全部是三言,孙维张认为，"惯用语的结构灵活多样，富于变化，从音节构成上来审视，或多或少，少的三字足以，多的则需要七字、八字不等，甚至还有一些十几个字的。比如，八九不离十、过了这个村就没这个店了等。"综合以上的观点，本文认为东北的惯用语有表达特定语气与情感的功能，所以有时会在构词中加入虚词、语气词而显得在构词上不够紧凑精练而较长，有时表达一种果断、痛快的意思而仅有两言。所以，东北的惯用语有二言、三言、四言和五言。东北惯用语在民间使用广泛，是东北人民日常生活、生产当中使用的语言。惯用语和俗语的根本区别在于，惯用语字数比较少、形式也比较精短，具有应用灵活的特点，一般情况下可以作为实词，在句子之内充当主、谓、宾语等成分；而俗语因为其字数更多一些，内部成分复杂程度也更高，不具备实词的特点，较少在句中充作主要成分，在句子中多是插入成分，起到修辞、加强语气等一些功能。

（三）俗语

关于俗语是否融括在惯用语之内，现阶段学术领域仍然存在争论。武占坤表示，"俗语"是从"谚语"当中分离出来的，又包含在"惯用语"之中。王勤认为：俗语是熟语的属概念，不包容谚语、歇后语、成语、惯用语，同时也不是该语的别名。汉语俗语少的有几个音节，多的有十几个音节，数量参差。结构上主要为单句，也包含少量复句，没有三个以上分句构成的多重复句。

崔希亮表示：惯用语具有流行性，具有时代色彩，时代一变它们立刻就会黯然失色，所以它们不可能会有很长的生命力。因此，学术领域认为俗语并非融括在惯用语当中，和惯用语当中的流行性进行比较，俗语并非是时代潮流下的产物，是根植于社会结构，是该社会文化历史大背景之下，一系列有关因素长时间彼此作用、相互影响的结果，同时被人们大范围应用而形成的。俗语能够充分展示出东北人民乐观向上、积极、坚强不屈、豪迈大气的思想和理念，也可以展现出东北人民幽默风趣的语言特点。

下文从语言功能的层面，把东北方言俗语分为劝慰、告诫、讽刺、赞美、詈语等。

劝慰："没有过不去的火焰山。"比喻没有克服不过去的困难和阻碍。例：人呐，还是得放宽心，就没有过不去的火焰山。"横着难吞，顺着好咽。"意思是顺耳的话更容易被人接受。例："嘴边留半句"都一样，横着难吞，顺着好咽！"端人家碗，服人家管。"意思是受惠于人则受制于人。例：端人家碗，服人家管，心字头上一把刀，你就忍了吧！

告诫："没有会不到的亲家。"意思是冤家对头总有一天还会再次相遇，警示人们做事的时候最好留一定的余地，不要把事情做死。比如：你说话最好跟我客气一点儿，不要把事儿整绝了。我今天就告诉你，没有会不到的亲家！别让我哪天再遇到你。"没有弯弯肚子，不吃镰刀头儿。"是告诫人们做什么事情之前，一定要先把自己的本事练好，倘若不具有相应的本事，那么就不要去做这件事，以免把事情给耽误了。"没有金刚钻，别揽瓷器活儿"与上面这句俗语类似。例：没有弯弯肚子，你别吃镰刀头儿！咱们是来卖鱼的吗？缺那几个鱼钱吗？又没让你去，你逞的哪份能？"好马不吃回头草。"用这句来比喻有志气的人不重走自己走过的弯路、老路。"好汉不吃眼前亏。"告诫人们，在对自己不利的情况下要从长计议，可以委曲一时。"喝凉酒，花脏钱，早晚是病。"意为贪图不义之财，早晚都会受到相应的惩罚。

讽刺："美出大鼻涕泡儿。"形容一个人非常得意忘形的样子。例：哎呀妈呀！我看都快把你美出大鼻涕泡了！"鲶鱼找鲶鱼，嘎鱼找嘎鱼。"嘎，音ga，多指人的脾气古怪，不好相处。例：自愿组好倒好，就恐怕鲶鱼找鲶鱼，嘎鱼找嘎鱼——矛盾照样摔耙子！"有路乾不说牛、嗓子比脖子粗。"讽刺吹牛者。"记吃不记打"比喻不接受教训。例：你这记吃不记打的，他姓刘的这头几年在大队当书记，不就这样收拾你的吗？"干打雷不下雨。"比喻只有哭声但是却没有眼泪（指一个人假哭）；也比喻声势浩大，但是没有实际行动。例：哼，别跟我整这套！干打雷不下雨，你在这吓唬谁呢？"肚子疼埋怨灶王爷。""咸吃萝卜淡操心。"比喻不是自己的事，过分操心。"撂下讨饭碗打花子。"比喻忘本和忘恩负义。例：撂下讨饭碗你就把花子打，摸摸自己良心说得出说不出？

赞美："面不改色，气不长出。"表示一个人有着健康的体魄。例：现在我的身体越来越好，以前上下楼感觉非常累，自从健身后，可以说是面不改色，气不长出的。"响鼓不用重槌敲。"表示通情达理的人不需要进行过多的指点。例：这真是响鼓不用重槌敲，明人不用细点拨。她顿时明白了大夫的意思。

署骂："顶风臭十里。"形容一个人或者某一件事的名声非常不好。例：某某欠银行钱、欠朋友钱、欠亲戚的钱，顶风臭十里。"胳膊肘儿往外边拐。"形容一个人里外分不清，不帮着自己人，反倒为跟自己没有关系的人出力。

综上，在东北众多俗话、俗语当中，大部分都是让人积极向上，具有幽默感，表达了东北人面对困境时候的乐观心态，勇于战胜困难的进取精神。

（四）谚语

谚语作为熟语当中的龙头语种，是人们在生产生活的实践当中所总结出来的话语，是一个民族语言文化的精髓之一。谚语一般情况下以口口相传方式在民间流传，可以被持续地沿用下去，以讲述道理、传授知识为目的。其也是结构简洁、通俗易懂、语言生动的一种短句或者谚语。张光明教授在《中国谚语论》当中指出："谚语是风土民性的常言所在，是一种代表社会公道的言论，凝结着人民的智慧和实践经验。谚语短小精悍，雅俗共存，流传百世。"所以，东北方言中的谚语自然也体现了东北人民的智慧与风土人情，他们把生活经验、礼仪、价值观、道德观等通过谚语表达出来，让这些本来枯燥的内容实现了艺术层面的升华，继而流传下去，在文化较为落后的旧社会，能够有效发挥出其教育价值和文化传承的作用。

"宁落一村，不落一邻。"这是东北农村地区宴请宾客时候经常提起的一句谚语。东北农村由于人烟稀少，所以人际交往、宴请宾客的时候也比较少，经常利用年前杀猪的机会，邀请周围邻居、同村亲戚来家中吃饭喝酒，以此促进彼此之间的关系，增进感情。要么不请客，只要请客很可能就是全村都叫上，一家都不落下。所以说，宁可落下一村，也不会落下一邻，是怕与同村人产生隔阂。

"三天是请，两天是叫，当天是提来。"这句谚语指的是既然要请人赴宴，就要提前几天通知，这样才符合礼仪，才能让被请的人感觉对方的尊重。临时叫人家来，会让人觉得叫自己来的目的是凑数。

"小叔子拉一把，又有骡子，又有马；小叔子打一拳，又有金银，又有钱。"这句话与满族的一种风俗习惯有关，新娘与新郎在经过拜天地以后，新娘需要抱着一把斧头坐在新房的炕上，由新郎的弟弟（新娘的小叔子）进入房间，一把将嫂子扯下地，这个时候姑婆（新娘公公的姐或妹）在一旁高声呼喊上面这句谚语。

"有女不嫁光棍汉，今天有粮明天断。"光棍这个词在很多方言当中都曾出现过，但是在东北方言当中这个词有两个意思，第一个意思是我们比较了解的单身男性；第二个意思则指的是无赖或者流氓，以及不务正业的人。这句谚语充分展示出东北女孩的择偶标准。

"除夜犬不吠，新年无疫疠。"这是东北人民对未来的一种期盼。在东北文化当中，新年是所有天神下凡的日子，神灵们来到人间享受人间烟火。如果看门狗大叫，那么就代表天上的瘟神也来了，看门狗在和瘟神争斗。所以说，"除夜犬不吠，新年无疫疠。"表示人们不希望瘟神下凡，扩散疾病，希望新的一年可以健健康康。

东北谚语语句精炼，能够给听者一种非常直接的感知，充分体现了经验总结和艺术升华的规律，通过简短的话语精准地表达出应该做什么，不应该做什么等。如"人怕理，马怕鞭，蛇怕烟""上梁不正下梁歪，中梁不正倒下来"等。

（五）哨歌

哨歌是东北人民比试口才的游戏。哨，包括武哨和文哨以及花里胡哨。过去的时候，东北老百姓家中都会有一个哨本，其中记录着很多的"俏皮话"。在东北的农村地区，在外出与行帮的民间艺术表演当中，哨是一种非常精彩且极为重要的表演形式。"哨歌可以启发说者和听者的智慧，传播各种类型的知识，总结生活和生产中的经验，也可以有效调节生活节奏，让本来枯燥的生活、工作变得更为有趣。"为什么东北人的"俏皮话"非常多，其主要原因是东北的气候特征所致，一年当中有半年多是冬天，人们不能出去生产、工作，所以就猫在家里聊天打发时间，久而久之这些"俏皮话"就越来越多。

哨歌在20世纪80年代之前，是东北人进行交流、交际的形式之一。东北人对于哨歌的应用可以说非常广泛，住店、赶集、婚丧嫁娶、亲朋聚会，乃至姐夫和小姨子见面也有哨歌，这些哨歌起到一个拉近人们之间距离，增进感情以及丰富生活的作用。东北人聊天的时候喜欢合辙押韵、喜欢"一套儿套儿"的说，这自然离不开过去在东北地区广泛流行的哨歌。幽默风趣也是哨歌的一大特点，同时哨歌的内容上包含景物描写、人物塑造、社会揭露批判等，充分展现了东北人民的智慧。

东北哨歌来源广泛，题材非常多样丰富，滑稽幽默，哨歌现阶段尽管已经在东北地区不再流行，不过仍然可以在一些东北小品、二人转和农村题材电视剧当中看到其身影。

二、东北相声

相声是语言艺术,也是表演艺术。"相声"两个字分别指的是动作模仿和声音表演。相声泰斗侯宝林先生在《相声溯源》当中表示,唐朝的"参军戏"和当代相声有很大的联系,而相声的鼻祖应该是"俳优",相声的兄弟朋友应该是我国宋朝时期的"滑稽戏"。同时,侯宝林先生还指出,民间笑话对相声的影响其实并不是直接的,是由民间笑话发展而成的"说话"艺术,成为了相声的有效武器。金名先生在《相声史杂说》当中表示,动作滑稽为相、语言幽默为声。认为相声具有阶段性、滑稽性、多元性、野生性等一系列特点。

(一) 东北相声的起源

沈阳被认为是和北京、天津并称为相声的三大发源地之一。至清末民初,相声已初具形态。据1873年的刘世英《陪都纪略》中记载,沈阳最早的相声艺人名为张太:"有张太,学相声。叫人乐,嘴头灵。约薄活,想得精。讲流口,是营生。"金名认为:咸丰至光绪年间的相声艺人可以划分为三支,这三支均可以被称之为相声界的开山鼻祖。其中第三支为沈春和,传高氏父子高文元与高德明等,后主要在东北地区活动。

(二) 东北相声的盛行

1921年春天,沈春和先生的徒弟冯昆志先生携家人一起来到东北,和自己的二儿子冯振生以及徒弟冯少奎等人在黑龙江哈尔滨市组建了"冯氏相声汇",主要在东北三省活动。后来,冯振生先生又相继收了多位徒弟,包括常福泉、杨海泉等人,和自己的儿子冯大泉并称为"相声四泉",久而久之逐渐形成了一种更容易被东北人接受、符合东北人喜好的沈阳相声。以"冯家班"为代表的相声,因为逐渐展示出了和天津、北京相声差异的新特点,所以也被称之为"东北相声"。主要的表演模式是大棚演出,集中在沈阳北市场、小河沿等区域。当前,沈阳相声基本上源自于"冯家班",包括被辽宁人熟知的杨振华等知名相声演员,均在"冯家班"的弟子列表当中。

中华人民共和国成立以后,沈阳相声众多艺人联合创办"沈阳相声大会",参与人员包括冯振生先生的徒弟杨海泉以及彭国良等人。在形容沈阳相声当时的火爆程度的时候,陈连仲先生表示,"演员外场演出要轮换吃饭，所以每一个演员至少要会二三十个活儿，不然很难顶下来。"陈连仲先生是彭国良的爱徒，后来逐渐成为沈阳相声的重要代表人物。不过这里提到的陈连仲先生很多人可能还是不够了解，但是其爱徒范伟可以说在全国内非常出名。"沈阳相声大会"开展的过程中，也邀请了一部分来自天津、北京以及江苏南京的相声演员，东北著名相声艺人王平曾表示："过去沈阳相声是非常出名的，马三立老先生也会来到沈阳相声会表演节目，而且一住就是几个月，这就能看出当时相声会的影响力了。"还有一些演员在沈阳演出一段时间后便离开了沈阳，包括小立本、姜博华等人。特别是小立本，其与杨海泉先生共同演出的《社会主义好》在当时引起了巨大的社会反响，并受到了周总理的亲自接见，这也让沈阳相声的名声威震全国。

1977年，相声演员培养基地——沈阳曲艺团恢复建制，随后沈阳相声逐渐向全国扩展，王志涛、杨振华、陈连仲等人相继表演了《好梦不长》《假大空》等多个至今仍脍炙人口的相声作品，参加了国家文化部主办的活动，其中《特殊生活》《假大空》等作品还获得了创作类一等奖，沈阳曲艺团也获得了当时的一等奖。以下为相声《假大空》中的经典片段：

演员甲：假大空，专门说假话、大话、空话、废话。那假话说得，一点儿真的没有——真假；那大话说得，胆小的都不敢听——真大；那空话说得，你用雷达都探测不着——真空；那废话说得，废品收购站都不收——真废！

演员乙：那你说说，他是怎么说的？

演员甲：大家都来了吧！（学点烟、喝茶、披大衣的动作）同志们！祖国大地红烂漫，红心壮志冲霄汉。在国内外一片大好形势下，我们召开了这个具有划时代意义的粮、油、蛋、菜会议，我们一定要念念不忘……

对于那个时期的沈阳相声的巨大成功，穆凯表示："当时天津和北京的曲艺团要合作演出一场，而沈阳曲艺团能够独当一面，自己演一场。可想而知当时的沈阳相声有多厉害。"王平表示："沈阳相声带领中国相声不断发展，走向了最巅峰的时刻。"

（三）东北相声的特点

经过100多年的发展，东北相声形成了适合东北三省观众审美须求的流派，并曾与北京相声、天津相声形成中国相声三足鼎立的局面。京、津、沈三地的相声风格迥异，北京相声清雅，语言整洁、讲究；天津相声注重平民化，最为平易；东北相声则以火爆、粗犷著称。虽然风格不尽相同，但相声界都戏称为"一棵树上的分枝"。但随着人们娱乐形式的丰富，东北相声正渐渐淡出人们的视野。今天，以赵本山为代表的"赵家军"的二人转表演火遍全国，东北的相声舞台也让给了东北的喜剧小品。但是，喜爱相声的人无法忘记东北相声带给人们的笑声与经典作品。

三、二人转

（一）二人转的来源与发展

二人转是东北地区的地方戏曲艺术，史称蹦蹦、唱蹦子、过口和风柳等，是通过东北民歌逐渐演化而成的，是东北地区最具特色的、载歌载舞的民间艺术形式，具有深厚的东北地方特色，同时二人转至今已经有三百余年的历史了。二人转可以说生于东北长于东北，是东北地区最流行的原生曲艺，充分彰显了东北人民热情、幽默、积极向上的性格特点，其语言通俗易懂，不管受众文化水平如何，都能听懂二人转，也都会被二人转中的喜剧场景逗笑。美学家王朝闻先生表示："二人转如同一个调皮、灵巧、泼辣的东北女孩，优美且自重，但也是一朵带刺的玫瑰。"

（二）二人转的特点

孙红霞在《剧种的起源和演变——以东北二人转为例》中表示："二人转的内容以及表演形式，都是由东北人的性格所决定的。东北地区的人民群众生性彪悍、放荡不羁、乐观向上、幽默风趣、直率英勇等性格特点，全部被二人转鲜活地展现了出来。东北方言简洁明了、生动灵活、诙谐幽默、结构感强烈，同样被二人转有效地运用起来。"周富沿学者把这种语言风格和文化之下所形成的民间艺术统称为"笑谑艺术"，其形式主要是以东北方言为主要载体的二人转。

由于东北冬天寒冷，"猫冬"的人长期待在家中无聊至极，所以大家就在"猫冬"的闲暇时光中找一些乐子，进行娱乐活动。所以，东北的冬天也是二人转艺人活动最为频繁的季节，相对于夏季秋季来说冬季的二人转演员最为忙碌。东北人民经常将二人转演员请到自己的家中表演，场地经常是自家土炕前的空地上，狭窄的空间让表演者只能原地转圈，不能像其他传统戏曲一样舞刀弄枪、翻翻起舞，二人转演员的舞蹈动作集中手部与腿部，这些因素逐渐让二人转形成了其独具特色的表演特点。

东北各村县当中的戏台，主要针对规模较大的梆子戏，二人转无缘于大戏台，早期二人转演出并没有规定场地。二人转演员当中的"高粱红唱手"，可以在土炕前唱戏、可以在土炕上面唱戏、可以在院子里唱戏、可以在牛棚乃至粪堆上唱戏；"四季青唱手"则是走街串巷地为东北人民表演，演出场地有集市、庙会等，有时候和搭档一起走街串巷，有时候则是一个人演出。喜欢这些表演的主要都是穷苦的人民群众，观众们没有钱看演出，但是出于对二人转的热爱，经常用实际物品换演出，如玉米、蔬菜等均能够成为换演出的"货币"，二人转演员在收取这些实物以后，再卖掉换钱。由于受众全体的穷苦，二人转演员的收入自然也不高，经常住不起店、坐不起车，所以当时热情的东北店主很多都不收取二人转演员的费用，唱几段便抵了房费车费，这也就是"谢演"。由此可见，东北二人转具有非常稳定的人民基础。

学者孙志远表示：二人转的特色可以归纳于三句话，即"不隔语，不隔音，最重要的是不隔心""宁演欢了，别演蔫儿了""二人转不浪，不如回家上冰炕"。

1. 不隔语、不隔音，最要紧的是不隔心

二人转是一种在民间创作又描写民间故事，在民间表演又表演民间故事的地方戏曲，在人物塑造方面，形象非常贴近东北普通人，表演过程灵活多样，注重"唱、念、做、打、逗"五个要素。例如，古代皇上在大摆宴席招待臣子们的时候说："馒头是皇后蒸的，待朕为你夹上大葱"；苏州的闺阁小姐王二姐思夫竟然"拆炕砸锅"，这便是和受众之间的"不隔语、不隔音"。简而言之，无论是什么样的人物，到了二人转表演当中，都会变得如同东北人一般。再如，小沈阳在参加北京卫视春晚时所表演的小品——《上海滩》当中，小沈阳和沈春阳分别扮演许文强与冯程程，两个人在通电话的时候有这样一个场景：

许文强：喂，程程吗？

冯程程：啊，是我啊，你谁啊？

许文强：我你强哥。

冯程程：啊，强哥啊，你找我有啥事啊？

许文强：程程，你干啥呢？

冯程程：待（在）家掰苞米呢。

掰苞米中的苞米就是玉米，是东北农村地区普通女孩秋收季节经常会从事的一种家务活，所以《上海滩》中的冯程程也不例外。用东北话塑造人物形象，将作品中的人物东北化呈现，也是"不隔语、不隔音"的有效表现，受众在观看小品期间所听所闻都是土生土长的东北话，带给观众的也是一种源自于东北地区的乐趣。

"不隔心"指的是二人转演员表演期间时常会从舞台中走出来，和台下观众进行互动，拉近演员和观众之间的距离，这是二人转表演中经常看到的一幕。"不隔心"也体现在观众能够自主选择自己喜爱的节目，无论是流行歌曲，还是二人转曲目，或者是二人转当中的绝活，演员都会非常用心和卖力地去表演。二人转演员在表演的时候，也会非常随意地和观众聊天对话，倘若有人迟到，演员还会幽默地对某一位观众说："哥们儿，这都几点了咋才来呢，下回早点啊。"

2. 宁演欢了，别演蔫儿了

二人转源自东北民间，唱出来的也是东北人民生产生活当中的琐事，有一种苦中作乐的情感在里面。不管是君臣大义，抑或是生离死别，唱到最后仍然会加上几句诙谐幽默，让人可以捧腹大笑的说口，继而让观众可以开开心心回家，而不是带着悲伤的情绪离开。

孙红霞指出：佟长江和杨金华在表演二人转经典作品《游西湖》的过程中，由杨金华所饰演的白娘子有这样一句台词"悲悲戚戚哭了一声夫"，这句唱词在二人转中始终是"要眼彩"的词，演员唱到此处的时候需要流眼泪增加节目效果，倘若台下观众也被感染而留下眼泪，那么就要给赏金。杨金华演唱到此处的时候必落泪，观众也会因为演员精湛的表演功力而被剧情感染，产生悲伤之情，可是杨金华的搭档佟长江却在这个时候叫停演出，说："你这哭的啥玩意，也不像啊，你是昨天刚结婚吗？重哭！"如此戏谑又会让观众从悲伤的情绪中走出来，将观众逗笑，所以无论是悲伤还是欢乐，都淋漓尽致地表现了出来。

二人转欢乐的表演效果主要依托于台上的丑角，丑角的表演主要是"出相"和"说口"两种类型。二人转当中有这样一句谚语："唱丑唱丑，全靠说口。""说口"指的是二人转当中的语言表演，和其中的演唱以穿插交替的形式为观众表演，不但可以消除观众的审美疲劳，又能增加二人转风趣幽默的欢乐感。"说口"源自于东北方言本身的幽默风趣特点以及众多东北民间笑话，现阶段东北地区的戏剧小品可以说传承了二人转当中的说口。

四、民间故事

学者何志清在《东北方言60年》里面提到:"东北民间文学在古代的时候便已经出现,是广大民众共同参与创作,广泛口头流传的文学作品;东北民间文学原汁原味地反馈出了不同历史阶段人民群众的生活状态和精神状态,充分展示了人民群众对历史事件、社会生活以及一些人物的评价及态度。"

在东北地区的方言当中,"讲古"代表老人对晚辈讲述曾经的传说和事件,有学者对"讲古"这一情景进行了非常生动的描绘:猫冬时节坐在炕头上,围坐在火盆旁边,嘴里叼着大烟袋,手中纳着鞋底,手和嘴都不闲着,口中还讲述着;夏季挂锄时节,傍晚和邻里坐在大树下、院子中,以此来消磨夏天的高温天气。

秋天掰苞米的时候需要很多人手,讲故事能吸引更多的人来帮忙,也会让大家忘却劳动带来的疲惫感。笔者小的时候曾与生活在东北农村的奶奶共同生活了很长时间,吃饭的时候奶奶经常会教育我们节约粮食,并为我讲一些有关的故事,我也非常感兴趣地把这些故事听了又听,也记住了节约粮食的重要性,明白了这个生活中的简单道理。

这是东北普通人对地区文化的一种传承,通过小故事实现对下一代人的教育,让晚辈学习到中华民族应有的礼仪和道德观,学会生活技能和常识,讲故事的过程中并未提及孔孟之道,但是也会让人心服口服,学到很多有用的东西。民间故事通过嘴说耳听的方式传播,把东北方言当中的特色以原生态的方式流传下来,成为语言学领域研究东北方言的重要内容,如同"活标本"一般的存在。然而,随着现代媒体领域的高速发展和东北教育水平的不断提高,这种传统的东北式教育方法基本上已经消失,具备教育功能和文化传承功能的东北民间故事,在现代教育和多姿多彩的媒体面前显得那么无力,长此以往这些东北民间故事失去了其原有的生存阵地。在我国民间文艺家协会冯骥才主导的"中国民间文化遗产抢救工程"当中,一大批的东北民间故事被救了回来,故事的风格和东北口语非常契合,我们如同置身于一个正在津津乐道讲述东北民间故事的东北人身边,讲的是东北人乐观向上的生活态度,讲的是东北人幽默风趣的说话风格。民间故事非常真实地反馈出多年以前,就居于这片黑土地上的先辈们的语言风貌。

老呔闯关东

有一个老呔,听说关东富饶,用一句话形容就是"棒打狍子瓢舀鱼,野鸡飞到饭锅里"。于是,老呔就闯关东来了。

老呔到了关东一瞅,人们把肉干都挂在树上晒,他就把肉都摘下来包上。走了不远又瞅着一挂,他就又摘下来包上。走了不远又瞅着一挂,他就又摘下来包上。晚上住店,老呔和一个关东人住在一个屋,他对关东人说:"我白天在树上捡到两挂肉干。"关东人打开一看,原来是马下仔儿的胎盘,被人家挂在了树上。这个地方把它叫做"衣包",关东人便问:"这不是'衣包'吗?"老呔说:"哪是一包,我还有一包呢!"

这让关东人哭笑不得,他方大悟,把两包东西扔掉。关东人和老呔说:"你才刚来到关东,有些风俗习惯你不了解,就得跟人多学着点,不然就会闹出很多笑话来。"老呔很听关东人的话,言行举止都向关东人学习。

有一天,老呔来到一个小饭馆吃饭,他怕再闹出什么笑话来,也不敢自己点菜。有一个顾客正在点菜的时候,他就听人家点的菜名,人家点啥,他就点啥,连人家怎么说话他都学。这个顾客觉得有些奇怪,心里想:"这个人是在跟我逗乐子呢吧,我得捉弄他一下。"于是,那位顾客就喊:"跑堂的,给我来碗热汤面条,越热乎越好!"然后又把跑堂的叫到身边,贴耳轻声地告诉他:"把面给我过一下凉水。"

老呔也喊道:"跑堂的,来碗热汤面条,越热乎越好。"然后也把跑堂的叫到身边,贴身喳喳两句,啥话也没说。因为他没听到那位顾客说的啥话,以为同跑堂的耳语,也是一种规矩礼节呢。跑堂的问他干啥,他只是支支吾吾。面条煮好了,跑堂的给那位顾客一碗用冷水过了一遍的面条,给老呔端了一碗刚出锅的滚烫滚烫的热汤面。那个顾客想要继续地耍弄老呔,就当众人的面说:"我今天吃面,要吃出个名堂!"有人问他:"吃什么名堂?"那个顾客说:"我要吃'金龙盘玉柱'。"于是,用手捏起一根面条,那头往肚子上一绕,绕了大半圈,这头往嘴里一放,用嘴一抽,吐噜吐噜吸进嘴里,吞了下去。大家一看,拍手叫好。

老呔也学那位顾客的样子,向众人说:"今天我吃面,也要吃个名堂。"众人问他:"什么名堂?"老呔说:"我吃个'龙盘玉柱'!"说着,也用手抓起一根面条,准备往肚子上绕。因面条太热,把手烫得十分难受,但他还是强忍着,将面条绕到肚子上。肚子马上就烫起了泡,他硬挺着把面缠上,不住地往嘴里吐噜,费了好大的劲儿,才把面条吐噜到嗓子里,烫得他打个喷嚏,喷出两筒鼻涕。众顾客一看,哄堂大笑。

老呔看到大家哄笑自己,只能强忍着疼痛,自打圆场地说:"我这不但是龙盘玉柱,还带二龙吐须呢!"

五、文学创作

东北的文学创作就是东北人用东北方言来描述东北的事、物和人。东北的文学作品当中充分展示了该地区人民的性格特点,描述的是黑土地上人民群众的真实生活。

日本帝国主义侵略中国的时候,杨靖宇展示出的刚强和不屈不挠的文化人格;赵尚志不畏险阻、不怕牺牲的勇敢气概;赵一曼备受敌人摧残,视死如归的精神;八位女壮士危难关头毫不畏惧,依然选择投江自尽的精神等,这些英勇的民族英雄故事在东北广为流传,是东北文化品格的精髓所在。学者周富沿表示:"和精准、得体的官方语言进行比较,东北话更加放荡不羁、没有顾忌,其生活、幽默、鲜活、极具形象感、包含诗性冲动。"

这样的文化与人物性格非以东北方言描述不能传神。这样的文化土壤自然不会有京派文化黄钟大吕的庄重、海派文化吴语呢喃的温雅细致。东北文化性格中有太多的东北的山和水,真是一方水土养一方人,东北人的粗鲁、豪放、任性、倔强无不来自于此,也注定了东北人的悲剧人生性格,尽管其悲剧的境界往往是致高的。

就像出生在东北的女作家萧红所说:"对故乡土地的依恋,对外敌仇恨的民族情感,生存和死亡之间的冲突。描摹现代东北的大冲突、东北人民的精神状态有相当的成就。"

东北作家是东北群众的儿女,不管是作家本身处境有怎样不幸,不管东北人民群众所处环境怎样悲惨,东北的环境造就了东北人民这种与众不同的性格,这种与众不同的性格塑造了一位位东北作家。

在东北作家的笔下,经常可以看到东北人民幽默的本质。东北文学的文体也非常多样,包括散文、小说、诗歌等。由于篇幅的限制,下文仅对以上三种文体进行分析。

（一）小说

东北的冰天雪地和地域的边陲化，让其文化和中原文化产生差异，存在更多的异域色彩。例如，20世纪30年代的作家萧红所生活的东北，可以说是战火纷飞、生灵涂炭，其一生之中都在记录这片黑土地上的苦与难，不过我们从萧红的作品当中却随时可以看到幽默元素。鲁迅为萧红小说《生死场》所提的前言当中这样写道："东北人民群众对于生的坚定意志，对于死亡的不断挣扎，往往已经力透纸背；女性作者的观察详细、笔致越轨，进一步添加了一些新鲜和明丽……"她在中篇小说《生死场》中对麻婆——一个愚笨、丑陋，但是非常勤劳的妇女的描写，充满了戏谑和同情：

邻居的烟筒，浓烟冲出，被风吹散着，布满全院。烟迷着她的眼睛了！她知道家人要回来吃饭，慌张着心弦，她用泥浆浸过的手去墙角拿茅草，她粘了满手的茅草，就那样，她烧饭，她的手从来没用清水洗过。她家的烟筒也冒着烟了。过了一会儿，她又出来取柴，茅草在手中，一半拖在地面，另一半在围裙下，她是拥着走。头发飘了满脸，那样，麻面婆是一只母熊了！母熊带着草进洞。

"饭晚啦吗？看你不回来，我就洗些个衣裳。"

让麻面婆说话，就像让猪说话一样，也许她喉咙组织和猪相同，她总是发着猪声。

听说羊去了，她去扬翻柴堆，她记得有一次羊是钻过柴堆。但，那在冬天，羊为着取暖。她没有想一想，六月天气，只有和她一样傻的羊才要钻柴堆取暖。她翻着，她没有想。满头发粘着一些细草，她丈夫想止住她，问她什么理由，她始终不说。她为着要做出一点儿奇迹，为着从这奇迹，今后要人看重她，表明她不傻，表明她的智慧只是在必要的时候出现，于是像狗在柴堆上耍得疲乏了！手在扒着发间的草秆，她坐下来。她意外的感到自己的聪明不够用，她意外的对自己失望。

从作家萧红所作的这一段文字之中，可以清晰地看出东北人那种埋藏在骨子里的戏谑精神，总是忍不住与人开玩笑，不管说什么都要说的有趣才好。尽管上述描写的是一个遭受种种苦难的东北妇女，不过通过短小精悍的语句，让整片文章富有了更强的节奏感，让读者读起来如同在读童谣一般。任何苦难和不幸，均被构建为一个童话故事，读者在阅读的过程中能够被引导并发现其中的笑点。文章当中以拟物的方式描述"母熊带着草进洞""发着猪声""像狗在柴堆上耍得疲乏了",同样是用童话故事的直白写作手法,将麻婆的愚笨表现得极为到位。这种比喻不仅是可爱的,也是同情和宽容的。作家萧红的思维理念当中,这典型的东北话幽默狡黠,解构不幸、质朴的童心童趣。

东北经常被古代人描写为"严寒刺骨、满天飞雪、霜满大地",今日仍然如此。而在东北众多作家的目光中,这里是温暖、可爱、质朴、富饶、美丽的家。迟子建是当代东北地区知名作家,其笔下的东北"原始风景"是有着"宫殿一样、惊人美丽的"木刻楞房屋,"美丽得令人伤心、宁静得使人忧郁的月光"的异域风情的人间天堂。迟子建没有任何保留地对其身边景物和人进行了美好描述,在迟子建的笔下东北人物变得那么有趣、奇特、温情和原生态,如同一个童话世界一般。对景物的描写非常细腻、极为生动,通过拟人化的方式让其描写变得更为诙谐与活灵活现。东北人快乐地、充满乐趣地在这片土地上生活,所有的矛盾和困难在东北人朴实、乐观的精神世界里烟消云散,一切都是那么和谐。

小城市越是到了夏天就越显得杂乱无章,如果你想看到城市的全部面貌,那么就先从骡马市开始吧。骡马市是城市的边缘,那一带的人大部分都是开油坊的,这些油坊已经很多年,几乎都是破破烂烂的,远远看去与厕所没有什么区别。只是我们经常可见看见有人拎着油瓶从中走出,你就知道他肯定不是打了一瓶尿出来,那就一定是油坊了。

——迟子建:《香坊》(1993年)

在作家迟子建小说作品当中,人和人之间的关系纯真、朴实,看不到矫揉造作,也看不到无病呻吟,如同一个耿直憨厚的东北农民用原始的思维去思考人生;又如同透过一个新奇、可爱、天真孩子的眼眸看世界,任何事物均回归其本色。作家迟子建笔下冰天雪地的东北是纯净的、美丽的、晶莹剔透的,也犹如孩童的心灵一般,一切夸耀、装扮、权利、金钱、虚伪等成人世界里的世俗与规则,均仿佛是春天中最后的积雪那样可怜地暴露在耀眼的阳光中,静静地等待消融,消融以后便会露出黑色的土地,这也正是作家迟子建心中普通东北人的样子,踏实、乐观、大气,有着真诚的粗鲁与本能的善良,尽管偶尔地表现出一丝幼稚、简单和粗暴,但这却是有着英雄气概般的角色。例如,《香坊》当中所描述的一对父母,见到离家多日、难料生死的十岁的小儿忽然带着家里失窃的宝物香炉回来时的场面:

他们紧盯着远处赶来的马车。马走路的声音逐渐明显起来,而天色也逐渐变得亮了起来。他们惊喜雀跃地看到亮铜坐于马车之上,身上挂着干粮袋,黑瘦黑瘦的脸上有一股说不出的精神气,戴着一个破旧的草帽,倚在一件草帘子上,那东西远远地看上去好似一头稳实的熊瞎子。

"亮铜——"杏雨低低急急地叫了一声,瞬间泪下。

——迟子建:《香坊》(1993年)

迟子建非常热衷于以孩子的眼光去写故事,童言童语为文学作品添加了很多可爱元素,使文学作品带有逗趣的意味。

作家萧红与作家迟子建的文学作品当中,尽管深刻地反映了东北人民淳朴且厚重的人生,但字里行间却透露着轻盈、灵气,是那么地脱俗。无论是日本帝国主义统治下伪满政府时期的生死场,还是冰天雪地里的东北大秧歌,笔触始终那么的轻盈、跳跃,渗透出孩子一样的调皮、可爱和雀跃。

(二) 诗歌

诗歌作品在东北地区也是非常丰富的,比如下面这首《风儿不懂》:

我欲追寻滚滚白云,请他把我的信带走。云说:"有邮局!"我说:"来不及!"我欲追赶奔流河水,请他把我的歌带走。河说:"有电话!"我说:"怕打岔!"我欲追赶匆匆清风,请他把我的情带走。风说:"有网络!"我说:"你不懂!"

诗歌当中的白云、清风与河水对主人公说的是带有东北方言色彩的短语,以表面的不配合,对主人公思念恋人的思想感情进行调侃,带着一丝玩笑的蕴意。诗歌当中单独的哪一句话都不是那么富有诗情画意的感觉,但是却能够让读者发出含蓄的笑,这也是东北诗歌独具特色的幽默美。

孙敬轩是黑龙江本土较为知名的诗人,在其诗歌作品《疏狂一律·抱琴谷主之魂殇》当中写道:

乐自疏狂乐自癫,捱得吟苦做得仙;曾骑大鹤横箫际,也锁余音弱水间;逮住风须札做笔,捉来云影沤成笺;春来且坐休相唤,我已抱琴塌上眠!

诗歌充分展示了东北人的大气、粗犷和豪放,第一句的两个"乐"是整首诗的格调所在,生活就是这样的逍遥自在、开开心心,"春来且坐休相唤,我已抱琴塌上眠!"这一句不仅让人联想到一幅非常有趣的情景:春天到了,热情好客的东北人民非常热情地接待春天,将其奉为座上宾客,本应该抚琴相待，但是主人却不见了踪影，只是因为春天到了——"春天不是读书天"，自然也就不是抚琴天了。如此看来，想要和东北人交流，就连神仙都要有一些幽默感才可以。

（三）散文

21世纪，在东北地区不断涌现出的散文家当中，格致被文学领域称之为新散文"团队"当中的一员，格外引人注意。格致是土生土长的东北满族人，受传统萨满教影响，其始终相信万物皆有灵性，在她的散文当中我们能够清晰地看到这一点，其所作散文也基本上都是她的亲生经历、所见所想，其作品的魅力主要是语言风格，就好像她自己所说的一样："我的散文始终遵循曲与隐原则，我喜欢将平淡无奇的句子通过一些小方法，让它们变得看起来不那么平淡。我还从中找到了我那看似无聊的文字游戏所包含的意义。一条绳子，在它垂直的时候，没有多少人愿意看它，也没有人觉得它好看。不过，把它扭曲编织以后，它可以变成一朵美丽的丁香花，可以变成一个可爱的动物，也可以变成一件保暖衣物。"散文家格致对写作手法的描述，和幽默的表现手法相吻合，就是曲曲折折与意外。例如：

在一片歌舞升平的景象里，我看到了众多的危险向我的孩子围了过来：洪水、火灾、地震、毒气、细菌……它们都喜欢新鲜的生命。

他是个只相信结果的人，他也只能看到结果。如果告诉他那条绳子为还没发生的火灾逃生而准备，他会立刻把我送进精神病院。

作品当中描述的是一个时刻为孩子而担心的母亲，一个对丈夫不满的无知妻子，格致通过夸张、隐喻的写作手法，让枯燥的文字富有幽默感，在一定程度上消除了作品当中的紧张、责备和不安。上述这类曲折的表述方式，提升了文学作品的艺术价值，展示幽默风格的过程中也充分体现了格致积极向上、笑对人生的态度。

在格致的散文作品《利刃的语言》当中，她说由于害怕卖瓜人手中的长刀，而无奈地埋下了他推荐的坏瓜：

在长刀的面前，我就是一株青草。长刀是我的敌人。在面对一把长刀的时候我不能坚持真理。长刀把公道切开，一边很大、一边很小，但是小的那一面上压着一把长刀，也就平衡了。

本来上文描写的是一件不公平的事情，在散文家格致的笔下被写得极为生动有趣，同时也充分体现了作者的想象力。

六、喜剧小品

小品指的是将真实生活作为题材去反馈真实生活当中的现象，采用幽默、滑稽的手法，相对于独幕剧更为精简的艺术作品。东北小品风靡全国，最早的小品代表包括 20 世纪 90 年代春节晚会当中出现的《十三香》《如此竞争》等，随后的十几年中赵本山多次和宋丹丹、范伟等人合作，相继推出作品《拜年》《钟点工》等一系列带有浓重东北气息的小品，连续多次获得央视春晚收视冠军，甚至人们把观看赵本山小品当成了一种过年时的习惯。同时，小品能不能让人开怀大笑也成为评判一个小品质量好坏的关键指标。

七、喜剧影视

从现阶段喜剧影视作品的市场环境来分析，似乎方言剧成了当下主流，从各类方言类喜剧电影的比例来看，以东北方言为主的喜剧电影占比最高，如《夏洛特烦恼》《缝纫机乐队》等作品的票房表现均非常优秀。同时，如《乡村爱情》《马大帅》等电视剧，其收视率非常高，甚至在央视黄金时间段播放，这也是唯一能够在央视黄金段播放的方言类电视剧。同时，《炊事班的故事》和《武林外传》两部情景喜剧在前些年火爆全国，从其中方言占比情况来看：

《炊事班的故事》：胖洪——带有广东口音的普通话、小毛——河南方言、大周——东北方言、帅胡——东北方言、老高——山东方言、小姜——东北方言，六个主要角色中三个说东北方言，东北方言占 50%。

《武林外传》：湘玉——汉中方言、老白——东北方言、吕秀才——普通话、郭芙蓉——带有福建口音的普通话、小贝——普通话、大嘴——东北方言，6 个角色之中，3 个讲的是普通话，2 个讲的是东北话，东北方言占比也达到了三分之一。

第二节　东北方言幽默的独特魅力

在东北这片广袤无垠的黑土地上，不管发生多么残忍的战争，气候环境是多么的残酷，人民群众都能够长期保持着一颗乐观向上的心态，以热情似火、坚强不屈的精神度过了成百上千年，这期间民族不断融合，让东北逐渐形成了独具特色的语言风格。空间上的阻隔让东北地区所受到的中原主流文化影响较少，形成了和儒家思想理念存在一定差异的东北文化，东北文化是当地人民群众的精神所在，每一个生活在东北地区的民族的精神、文明都被深深地印在上面，不但有不惧日本帝国主义的抗日精神，也有面对苦难笑口常开的乐观心态。这种积极向上的乐观心态，让东北人民在面对苦难的时候也能找到快乐，没有快乐就去制造快乐，最后让自己淡忘了身边正在经历的困难，鼓励着自己奋力前行，这是东北人民的幽默精神。东北人似乎就是为了喜剧而生的，他们是"开心欢乐的天使""笑的精灵"，东北方言则是组成东北民间笑谑艺术的重要媒介。

一、化解冰雪的热幽默

（一）热幽默的概念

本文把幽默进行类型划分，具体分为：内敛含蓄的软式幽默，沉着冷静、聪明机智的冷幽默，不动声与色的干式幽默，以及犀利直爽的硬式幽默，还有带有讽刺气息的中性幽默和热闹高效的热幽默六个幽默类型。

（二）热幽默的形成

美学家艾瑞提曾经表示："一个民族的文化传统影响着喜剧作品、妙语等的应用方式。"何清志在《东北文学 60 年》一书当中表示："东北地处高寒地区，土地肥沃，物产富饶，塑造了东北人民直爽、大气、豪迈的性格，造就了其响亮、浑厚的发声特点；众多民族文化的融合让东北方言变得更为生动和形象，富含幽默感，也具有极强的表现力。由于东北方言背负的东西很少，能够杂取旁收，汲取他人精华为自己所用。东北方言的束缚很少，能够纵横驰骋，因此才有出其不意的幽默效果。"

东北人民不管是办事还是说话，喜欢直来直去，嗓音洪亮、声调较高。中华民族传统文化当中强调"喜怒哀乐不行于色"的深厚城府，以及"话到嘴边留半句"的谈吐，但是这种表现在东北人的眼里却成为"奸诈"小人的表现，东北人不喜欢"说话拐弯抹角"的油滑。所以，这种思想理念下的表达方法自然就有了与众不同的特点。东北人有这样一句话，"不说不笑不热闹"，其中的"说"指的是通过东北熟语和联想、渲染等方法，有声有色、适度夸张,富有喜剧色彩的表达方法;"笑"指的是说话人的表情丰富多彩,同样具有一定的喜剧感,非要让听话人也染上自己的愉悦快乐不可。在这种"独乐乐不如众乐乐"的方式下,一代代的东北人受其影响,逐渐形成了幽默风趣、生动灵活的语言风格,本文将其称之为"幽默感"。

(三) 热幽默的特点

热幽默是东北人独有的幽默风格。从表现的方式上来看,其直爽、热情,表情丰富,既和美式幽默中的"干幽默"不同,也与传统中式幽默中的"冷幽默"不同。从幽默的内在含义上来看,东北人直爽、大气、豪迈的性格,响亮、浑厚的发声特点,在一定程度上决定了东北人热幽默和我国传统幽默"文雅中的会心一笑"的内在含义存在巨大差别。站在幽默思维的角度再看,东北幽默相对于我国传统的"冷幽默"当中的沉着冷静、文雅仍然存在区别,东北的热幽默属于一种建立在感性思维方式上的幽默。

喜欢热闹、喜欢笑的东北人,为东北文化附上了一层喜剧感,东北方言当中的热幽默和东北人民的心态、性格一样,非常感性、十分热辣,其生活鲜活、恰到好处地反馈出东北地域文化当中的喜剧特性。周富沿表示,"东北话相较于得体、正规、表述精准的官方语言来说,前者给人一种放荡不羁,没有一丝顾忌,是一种具有狂欢色彩的语体。"

二、滑稽的丑幽默

(一) 滑稽与幽默的关系

对于滑稽与幽默的概念,学术领域始终存在争论,学者孙东华表示:滑稽"缺少意味深远的语义错位",幽默和滑稽二者均在语义前后存在不一致现象,不过前者的"不一致"有很多个方面。具体来说,最表层的所述同常理的不一致现象;层次再深一层的话,就是语义上的不一致,也可以说错误。比如:如果煤油、打火机在你的裤袋中燃烧起来,你是应该高兴还是应该难过,常理自然是难过,但在这里你应该高兴,因为多亏自己的裤袋中装的不是炸药。学者张孝男表示:幽默和滑稽是存在差别的,通俗一点讲,幽默的层次更深一些,而滑稽的层次则比较浅。说得准确一点,尽管幽默与滑稽均能够引发人们认知性的笑,不过认知性是存在高低之分的，体现在从感情至幽默或滑稽行为所涉及的社会人际意义的含量的高低。

将幽默称之为"有情调的滑稽"，就是说更加重视幽默所具有的感情蕴意，倘若只是为了搞笑而搞笑的话，那则更偏向于单纯的滑稽。前文对"幽默"和"滑稽"的区别还是以直观的语义的"深"或者"浅"作为评定标准，当我们在动态化的语言环境中理解笑的内在含义的时候，或许还是难以凭借上述标准来评判是"高雅的笑"或者是"庸俗的笑"。例如，罗贝尔曾表示："和法国人民的高雅精致有很大的不同，美国人更加倾向庸俗的幽默。美式幽默与法式幽默在智慧上存在明显差距。"倘若只能够把"庸俗的笑"纳入滑稽，那么就是没有意识到差异民族、差异文化以及差异语言下的幽默心理上的差异。

赵本山小品、影视剧当中的语言能够在一定程度上代表东北方言中的幽默，从其首次登上春晚表演小品《相亲》开始，国内便兴起了东北方言的"庸俗""幽默"之争。尽管争论到今天已经不再那么热烈，不过二十多年悄然过去，东北方言这种朴实无华、鲜活生动、热情似火的语体被广泛应用到了各类电视剧、小品当中。我们所说的"庸俗"具有相对性，相对于传统幽默当中的"文雅别致、意味深长"来说，"庸俗"更加倾向于滑稽。导致这种争论的本质因素在于，中原地区千百年来受儒家思想理念影响，对幽默的理解有别于受儒家文化影响较小的东北地区。

（二）东北的传统丑角幽默

二人转是东北传统的地方曲艺，其为东北方言幽默感的重要展示平台和表现途径之一。不难发现，二人转的起源与西方喜剧的起源存在很多的共同点，均源自于古时候酒神祭祀期间的狂欢歌舞或者滑稽表演。发端时期表现的主要内容一般是一些平常百姓的生活与戏谑。在西方国家，此类喜剧形式在中世纪非常盛行，也是一年开展一次的狂欢节中的重要内容，是人民群众对官方宗教严肃性的一种反抗，让人们积压已久的情绪得到释放。在西方狂欢节当中，最主要的表演方式就是喜剧表演。巴赫金在《狂欢节现象分析》当中表示："狂欢节无须严肃和虔诚，与宗教无关，不需要允许或者不被命令，它只是需要向大家发出一个可以开始尽情玩耍的讯号。"狂欢节让中世纪的欧洲人摆脱了阶层限制，打破了种种束缚和禁令，站在非政府、非宗教的立场开展。"如此便形成了一个和现实社会制度相隔的'世外桃源'，在狂欢节上，狂欢化成为了人民群众短暂进入全民自由、全民平等和全民富足的乌托邦世界的第二种生活形式。"

站在巴赫金"狂欢化"的视角上,能够看到东北人民人格当中隐藏着非常明显的狂欢特征:缺少"法"的理念。此处的"法"并不是法理精神,而是指的封建社会下宗法的控制,这导致东北人缺少法律精神和意识,让东北人看起来过于耿直和鲁莽,就如同狂欢节当中摆脱了阶层限制,全心向往快乐和自由的人民。

例如:

小沈阳在某晚会中的表演,用浓厚的东北方言介绍自己新买的布包,对观众说:"我就背着我这小包可哪溜达,我老稀罕了!"忽然跳到了一位女性观众的身边对其说:"姐啊!你知不知道我这小包多钱买的?五百八,你信不?打完折十块。"

东北喜剧受到全国人民的喜爱,可以说大部分归功于狂欢文化中的丑角。巴赫金认为此类表演带给观众们一种潜意识上的狂欢节:"摆脱了官方世界观的左右,让人们能够以全新的方式去看世界;没有虔诚也没有恐惧,是以批判的,但又不是虚无主义的态度展示这个世界,其态度积极,因为它展示了世界无限丰富的物质基础,展示了生成和更替,展示了新生事物的不可制服与战无不胜,展示了人民的永生。"东北原始质朴的文化特点和幽默的风格,就是这样以丑角的演出形式被不断地继承了下来。"

东北人的风趣幽默并不是简单的荒诞和滑稽,尽管可以让人捧腹大笑,不过笑中隐藏着东北人的聪明智慧以及乐观向上的心态。周富沿表示:"东北人的精神世界里面,通过笑所促成的'狂欢的世界感受'引领我们进入一个特殊的时空当中。"这种态度和喜剧的内在含义极为贴合,导致东北方言如同天生带有喜剧元素,是为了喜剧表演而生一样。

三、解构高雅的俗幽默

部分学者有这样的观点:因为东北文化在千百年来的历史上,受到意识形态前提的影响很小,在一定程度可以消除语言当中存在的意识形态内容。东北狂欢文化不仅展现在二人转丑角的幽默表演之中,还有对人性的本性回归的要求——解构主流的"高雅"。用喜剧演员赵本山的话来说:"东北人说话不爱装,不用什么三翻四抖就能整出喜剧的效果来。""不装"在这里指的是不装假、不做作,展示了东北人民的真实性,在与人交际的过程中更加重视自身和对方的本性、真情流露。传统儒家思想当中的"稳压、规矩以及含蓄",对于东北人民来说等同于"装",是虚伪、是不真实的表现,也是对人本质的一种束缚。现代东北和外界交流变得越来越频繁,面对主流思潮文化的冲击,东北人并没有自卑或者畏惧,也不会去反抗主流文化,而是以乐观的态度、幽默的方式去解构这些外来文化。正式语体被重塑成东北人更为熟悉的东北方言,含蓄被解构成了直截了当,高雅则被解构成了粗狂、豪迈。"俗"便成为东北方言表现幽默感的一个重要特点。解构高雅与展示庸俗成为东北喜剧博取观众一笑的有效途径。

比如:赵本山在某年春晚中演出的小品《老蔫儿完婚》当中饰演的角色,是一个普通东北农民来到大都市深圳的形象,其未婚妻比老蔫儿早来深圳一年,所以言谈举止受大都市影响与之前在东北时发生了巨大转变,语言上更多地使用了正式语体,谈话的内容也更加潮流,这就让老蔫儿心里有些不满意。整部作品均以东北方言对正式语体、流行文化的解构作为笑点,是小品最核心的幽默途径:

老蔫儿:给我发了个电报,"速来深圳,完婚!"我一看电报,给我吓一跳,还完婚,多能拽词。我还寻思完婚是要跟我拉倒的意思呢。后来别人儿告诉我,完婚就是结婚,统称办事。

"完婚"是书面语体,马丫儿则是出自于东北农村的普通妇女,到深圳一年的时间,便放弃了使用了几十年的家乡话——东北方言,选择使用更加正规的书面体——结婚不写结婚,写成了完婚。遭到了老蔫儿诙谐幽默的解构——一看吓一跳,寻思完婚是要跟我拉倒的意思呢。解构的过程:完婚等于拉倒,完婚也就等于不结婚的意思了。再比如:

马丫儿:我是马丫儿呀!

老蔫儿:马丫丫?深圳我就认识一个叫马丫儿的,怎么又多出来一个丫?

老蔫对马丫的口音实施了嘲讽,并把语气词"呀"解构成了马丫儿名字当中的"丫"字。对于马丫儿外表的巨大改变,老蔫也深表不满意:

老蔫儿:完了完了,整个都出乎我的意料之外了。头发也烫卷了,脸上也扑白面了,嘴唇还勾红线了,眼镜还带链了,腰上还扎带了,瞅着个挺高——鞋加垫了。消毒了咋的?一股酒精味呢?

马丫儿:这是来之前我掸的香水。

老蔫儿此时认为原本质朴、纯真的马丫儿已经被大都市流行审美覆盖，这让老鸹儿既感到陌生，又感到失望。对于马丫儿时尚的打扮，老鸹儿通过东北话对其实施了解构：粉底等于白面，口红等于红线，墨镜等于眼镜带链，腰带等于扎带，高跟鞋等于鞋加垫儿，香水等于消毒、等于酒精的味道。通过东北俗语，当时流行的时尚元素被解构。

无论是正式语体还是南方方言都被解构成了东北方言"土得掉渣"的表达方式。这里也反映出八九十年代东北开始加强对外界的交流，东北人面对外来文化的复杂心态。这一时期的东北喜剧作品中有较多关于对外界流行语的模仿。如赵本山1988年的小品《小草》中，扮演了一个东北老太太在"上学的都走了，上班的也走了"之后，一个人在家里表演当时红遍大江南北的一首歌曲《小草》。

此处出现的"通俗""流行""摇滚"均为大陆新鲜事物，赵本山通过对一个普通东北老太太的夸张演绎，表现出东北方言和文化在新鲜事物浪潮下不断受到冲击的状态。将"迪斯科"说成"敌克斯"，观众在捧腹大笑以后又会不禁意识到，对于大多数的普通中国老百姓而言，"迪斯科"同"敌克斯"真的有差别么？在赵本山一段幽默风趣，令人忍俊不禁的开场白过后，观众期盼看到的是一个唱通俗、唱摇滚的东北老太太，但是实际演唱的还是正宗东北二人转。老太太沉浸在自己的"二人转摇滚乐"当中，但是却不知道实质上，摇滚、流行等和二人转之间相差巨大。在东北文化被时代流行文化冲击的时候，东北人并没有激烈的抗拒，而是以自己独有的戏谑和幽默形式将其展示给观众，表现出自己对东北传统文化的热爱以及对新时代流行文化的解构与嘲讽。再比如，在赵本山、宋丹丹小品《昨天今天明天》当中：

赵：我说吧，还有准备。

主持人：啊，准备好啦？

赵：改革春风吹满地，中国人民真争气；齐心合力跨世纪，一场大水没咋地。谢谢！

在正式语体缺位的东北方言当中，诗歌这种文体当中出现了很多的口语语体。我们能够从白云、黑土两位老人的诗歌当中，看到一部分富有时代特征的新词汇，如"改革春风""跨世纪"，简短的几句话中两种语体交错使用，让谈话变得极为有趣。

东北人的解构，不仅出现在对流行元素和正式语体的解构上，也体现在对"装"的解构方面，也就是说对表现出优越感的人及事物以幽默化的

言语手段实施解构,如:

在《乡村爱情》当中,长贵见到大脚,赶忙与大脚招手。大脚两眼光看着舞台了,并没有看见长贵打招呼,于是长贵使劲咳嗽,希望自己的咳嗽可以让大脚注意到。但是还是没有引起大脚注意,反倒惊动了刘能。刘能抿嘴笑着对长贵说:"要大脚过来就喊呗,咳嗽啥啊,还装呢?"长贵也讽刺刘能说:"我可没有你脸皮厚。"刘能摸了摸自己的脸,跟长贵正经地说:"我这脸也不厚啊。"

长贵是象牙村村主任,看见自己喜欢的人在人群当中,虽然想要和她打招呼,但是认为大喊大叫的方式有失身份,不够庄重严肃。所以,仅仅通过挥手和咳嗽的方式去招呼大脚。长贵通过"有修养"的行为显示了自己和人民群众之间的差异。上述行为,被普通村民刘能看见,认为长贵这种"有修养"是在"装",非常的可笑。继而,刘能便对村主任长贵的行为进行了解构,同时解构也带有一定的攻击性,不过长贵听出了刘能幽默的、开玩笑的意图,以同样的方式去回击刘能,也讽刺了群众大吵大叫的行为是"厚脸皮的"。刘能又将长贵口中的"厚脸皮"单纯地理解为"脸上皮肤的厚度较厚"。

东北方言当中的"庸俗幽默"和"解构高雅"均为东北方言幽默感当中的重要组成部分和特征,以喜剧影视作品和小品的途径不断传播,让东北之外地区的受众接触到这些,也为其带来了欢声笑语,以及思想层面的共鸣。这和东北方言口语语体特点以及东北文化当中幽默戏谑的习惯是密不可分的,"庸俗"展示了东北人民对质朴、纯真等品质的追求,这均为东北方言对正式语体和流行语进行解构的关键因素。在互联网时代背景下,东北的年轻人已经与老一辈东北人产生了巨大差距,他们打破空间的束缚纷纷离开了这片黑土地,也不再听二人转、唱二人转,不断向我国主流、世界主流文化靠近。东北方言当中的正式语体缺失问题已经得到了解决,不断被普通话和其他方言补充。但是,和那些濒临消失语言或者文字不同,传统的东北方言仍未消失,东北方言的生命力展现在传统二人转以及文学作品当中,随着它的幽默特点为众人所知,又体现出了充分的娱乐功能。

第三节 东北方言幽默的表达手段

方言是反馈社会群体对其环境与经验的最早界定。方言当中的词语和句子隐藏着某一群体的思想观念，也可以说隐藏着其看待世界与众不同的视角。在听到东北人说话时，我们可以发现东北人总是把平淡无奇的话讲述得声色俱备，只要有东北人在就很少会出现冷场，随着交谈的推进很容易被东北人所感染。托尔斯坦在《何为艺术》当中表示："艺术是这样一种活动，某人用某一种外在标志，有意识地将自身曾经体验过的情感传输于他人，别人可能会被这些传输而来的情感感染到，体验到。"幽默的表述是利用对一般语言形式的转化，属于一种具有积极性的修辞方式和交际艺术。在东北方言整个语言系统之中，幽默语义的产生源自于方言当中差异化的语言要素，以及要素之间的差异组合，有效运用语言变异的艺术而制造出幽默的效果。东北方言当中的幽默手段非常烦琐，种类多样，从语音、词汇、语义三个角度均可发现。

一、东北方言幽默的语音表达手段

语音方面，东北方言和普通话较为类似，但是又有着自己的特点，其是指方言的"强调"，在东北话的"强调"方面，同东北话的幽默存在着很紧密的关联。在某种语言环境当中，为实现幽默效果，说话的人经常会打破语音常规，有意识地运用语音要素和语义的烦琐对应关联，以及语言要素自身的变换，向听话的人表达出一种"言外有言"。

（一）谐音双关

谐音双关指的是通过语音相近特点，有意识地让一个词语关乎两件事物，为其赋予双重意思，达到言在此、意在外的效果。这种形式在东北方言幽默表达的过程中很常见。例如，在小品《不差钱》当中，赵本山、小沈阳饰演的角色明中较劲、暗中也在较劲，彼此看对方都不顺眼，所以就有了以下的台词内容：

赵：来笨蛋。

沈：说谁笨蛋呢啊？

赵：不是，我说再点个笨鸡蛋。

东北方言当中对"笨"存在延伸化的理解，具有传统方法之意，比如笨榨油，就是通过传统榨油方法榨出来的油，笨鸡指的就是传统方法养殖的鸡。小沈阳作为服务人员，赵本山通过"笨蛋"的双重意思，对小沈阳进行了调侃，表现出对其不满的态度。

主持人：鱼翅就不要点了。

赵：鱼刺有也别点了，我吃鱼刺有一回不就卡住了么。

赵本山饰演的角色为让自己的孙女有机会参加"星光大道"，特地宴请主持人，然而出门的时候发现自己却忘记了带钱，因此为了避免尴尬，点菜期间费尽心思。不但"贿赂"服务员小沈阳，说贵菜都"没有"，而且通过使用双关语，把昂贵的"鱼翅"说成是"鱼刺"，巧妙地规避了囊中羞涩带来的尴尬。

（二）语音飞白

所谓飞白，就是指对于一些白字、错字，明知其错，故意将错就错地加以运用。语音飞白是因为语音相近而导致的错误表达。

白云：他就是主动和我接近，没事儿和我唠嗑，不是给我割草就是给我朗诵诗歌，还总找机会向我暗送秋波呢！

主持人：还暗送秋波呢！

黑土：别瞎说，我记着我给你送过笔，送过桌，还给你家送一口大黑锅，我啥时给你送秋波了？秋波是啥玩艺儿？

主持人：秋波是青年男女……

白云：秋波是啥玩艺儿你咋都不懂呢，这么没文化呢？

黑土：啥呀？

白云：秋波就是秋天的菠菜。

黑土：噢！

赵本山与宋丹丹饰演的是一对来自于东北农村地区的老两口，受教育程度比较低，把"秋波"这一词语理解成为"秋天的菠菜"，为观众制造出幽默效果。在东北方言当中，说话人对于飞白的运用，可以说是信手拈来的。例如，因为东北人经常对高雅以及优越感事物进行解构，其方法就是把他们读白，如把"别墅"当中的"墅"读成"野"，把"比萨"读成"劈叉"，把"孜然"读成"紫兰"，把"蝴蝶"读成"蝴铁"等。飞白是东北方言幽默感的重要表现途径，在我们听到一个东北人这样讲话时，你只需要去领会其要传递的意思并去理解他的逗乐意图就可以了。

(三) 语音模仿

语音模仿是对语音相近的成语、熟语、诗歌等进行模仿,临时仿造出一种新的说法。这两种说法只有在语音上相近,而意义上相去甚远,人们在对两者的对比中,发现其中的矛盾和不和谐的妙趣。如赵本山小品《拜年》中的对话:

高:我说你啊,整这没有用的你是一套儿一套儿的。这么的,老头子你听我的,进屋咱先别着忙说事儿,猛劲儿给他戴高帽儿,多说几句拜年嗑儿,只要乡长心一乐儿,保证事儿办的差不多儿。

赵:戴高帽儿人就给你乐?

高:那咋的,别说他乡长啊,就是总统来了你给他戴高帽儿他都乐,戴高乐么!

法国总统的名字"戴高乐"代表了"戴高帽就乐"的意思,这个模仿在东北方言口语中使用的较多,如:"你快拉倒吧,你可别给我戴高帽儿了,一会儿我成戴高乐了都?"

再如,小品《说事》中,白云对主持人说她是搭"专机"来的,而黑土却说是搭"砖机"来的,"砖机"在这里指的是拉砖头的拖拉机。通过"专机"和"砖机"的谐音,白云充分地满足了虚荣心,也为观众制造出了"笑"料。可是白云在这一次出丑后,并未吸取教训,而是继续夸大事实:

主持人:那都给哪剪彩呀?

白云:都是,大中型企业。

黑土:大煎饼铺子、铁匠炉啥的。

白云:啊……俺们那旮瘩有个挺老大个养鸡场,那都是我剪的。

黑土:是,她剪完就禽流感了,第二天。当时,死了一万多只鸡,最后送她个外号,叫"一剪没"。

一剪梅,词牌名。这里谐音为"一剪没",是同乡人为白云起的外号,这里暗讽白云在生活当中和她在节日当中所形容的完全不一样,不但没有很高的威望,甚至已经成为同乡人的笑料。

(四) 译音奇趣

在人均受教育程度不断提高的过程中,东北人所接触外语的场合越来越多,面对外语词汇仍然不能改变以往幽默的本性,经常直接用谐音的方式翻译外语,让人听起来忍俊不禁。例如,英文当中的早上好(good morning），被东北人读作"鼓逗猫呢"。

赵本山在二人转拉场戏《1加1等于几》中也对英文使用了译音奇趣的手法进行调侃，如：

赵：跟乡长得说点时髦的，说点啥时髦呢？对了，乡长，故得儿白。这个好！故得儿白，这不是再见的意思吗？——乡长，乡长！——哎呀，太好了，乡长不在家。故得儿白，哈哈用上了！

李：回来，谁说不在家？在家呢。

赵：完了，好不容易用上一句故得儿白，还白故得儿了。

赵本山来到乡长家里却没看到乡长，误以为乡长不在家，于是说了一句"故得儿白"转身就走，这里把 good bye 说成"故得儿白"。事实上乡长在家里并叫住了他，这句好不容易想出的"时髦的"good bye 用得并不恰当，因此"故得儿白"中的"白"在语义上变成了"白白""徒劳"的意思——"白故得儿了"。

这类语言情况在小品《昨天今天明天》中也有表现，讲到老两口学外语后说话的方式变成了："哈喽啊，饭已 OK，下来咪西啊。"

东北人在平时的交流当中将外语进行了音译转换，增加了语言的趣味性，和东北文化当中的解构文化息息相关，和东北人幽默、爱开玩笑的天性也密切关联。

二、东北方言幽默的词汇表达手段

东北方言当中的词汇有着非常浓重的地域性色彩，这同样是其喜剧表演过程中的有效手段，是东北方言之所以那样鲜活、有趣的致因。在某种语言环境下，通过词语结构形式和意义复杂关系，临时更改词语的正常用法，继而表示出另一种意思，引起别人兴趣和注意力，以此达到幽默逗趣的目的。

（一）同素异序

同素异序指由两个或两个以上的语素组成的复合词，通过改变语素的次序而得到一个意义迥异的词，从而使话语产生幽默的效果。如：

白云：我白云大小也是个名人。

黑土：走吧，嘚瑟什么玩意你，你白云哪是什么名人，那就是个人名。

——(小品《说事》)

牛群：大妈都有自己的博客啦。
黑土：名人嘛，都刻薄。

——(小品《策划》)

小品当中颠倒的不仅是词语的字序，还包含了对前者"高雅"的解构。字序的简单改变，就能够将交谈中的对方从一个赞赏的层面转变到一个被贬低的层面，但是通过思考我们可以发现，这些被颠倒后的词语，又能够反馈出其事物的本来现象，可笑的地方也就在于此。简短的对话可以说让人叫绝，充分展示了东北方言幽默当中的智慧。东北人喜欢实在的事情和人，这种"高雅"必将带来解构。

(二) 词语套用

套用词指的是以直接的方式对某一现代词汇进行套用，比如惯用语、成语等放到和它原来语义基本一致的语言情景当中，继而在语言当中制造幽默、错愕的效果。例如，在小品《不差钱》当中丫蛋儿和赵本山两人饰演的角色因为文化水平较低，对正规语体的刻意模仿造成了语言套用的现象。

赵：这孩子，从小就是一身的艺术细菌啊——
主持人：细胞。
赵：你给看看，能不能上你的大道？

如同上述对话当中的新奇的词语套用，是东北人谈话交流当中制造幽默的惯用方法，同时也是赵本山制造流行语的一种手段，"艺术细菌"这一词语很显而易见，是对"艺术细胞"这一词语的错误模仿，"细胞"与"细菌"之间虽然相差一字，但是意思却截然不同，继而为观众创造巨大的心理落差，达到发挥幽默效果的目的。东北俗语当中有一句话，"我才不上你的道呢"，这里的"上道"指的就是"上当"，这褒贬之间的巨大落差便是东北人制造幽默过程中的常见方式。

(三) 词语歧解

词语的歧解是因为某词存在多重用法或者意义，在特定场合当中的使用可能存在模棱两可的效果，亦或是不同的人对词语作出不同的理解。例如，《不差钱》当中便对东北方言的一些词语进行了歧解。

赵本山：你们这个酒店，如果要急头白脸的吃一顿，得多少钱？
小沈阳：这咋还吃急眼了呢？

"急头白脸"是东北人民经常说的方言词汇,表示人生气时说话语气非常不好的样子,同时这个词经过延伸以后也有"极致"的含义。赵本山所谓的"急头白脸吃一顿",其实意思是"使出全力去吃",但是小沈阳歧解了这个词语,认为其中的"急头白脸"就是"急头白脸"的原本意思。上述这种错误的理解违反了合作原则当中有关质的准则,倘若小沈阳未听懂,那么这次交际就是失败的交际;然而,小沈阳同样用东北方言进行了回怼:"咋还吃急眼了呢?"代表小沈阳其实听懂了赵本山说话的意思。故意进行歧解,目的是讽刺对方。服务生和消费者二者之间的矛盾便从此展开,在后续的交流过程中,赵和沈饰演的角色的关系始终比较复杂,不但有合作的关系,还有竞争的关系,赵也不断地故意歧解沈的话语,以此讽刺和挖苦对方。

小沈阳:那我也要上。

赵本山:你往哪上啊你,赶紧上菜去。

小沈阳:上星光大道啊。

赵本山:上啥星光大道啊,上炕都费劲。

三、东北方言幽默的语义表达手段

(一)语义歧解

在小品《老蔫儿完婚》当中:

马丫儿:你这个样子,怎么回家见孩子啊?

老蔫儿:你说说,现在完了!我连她孩子还不能见了!完了!她现在看我是穿也不像穿了,戴也不像戴了,不如从前来派了。

老蔫儿到深圳与马丫儿完婚,却穿了一身破旧的衣服。马丫儿的意思是让老蔫儿去买一套新衣服。可是老蔫儿把马丫儿的意思歧解为"他没有见孩子的资格",来表示拒绝。

马丫儿:人家说十年前深圳就是个小渔村,这才十年,变化有多大啊!

老蔫儿:还用十年干啥?这才一年多,这就变成这样了。

老蔫儿一直对马丫儿的时尚流行妆扮表示不满,这里使用歧解表达了对马丫儿一味追求流行的讽刺。

（二）语域幽默

语言情景被划分为两种，即语域和文化语境。文化语境指的是语言所处环境的社会文化，语域指的是依据不同使用语境而进行变更的一种语言的功能性变化体。阿塔尔多表示：语域幽默代表着语言感性、情绪化的一层，能够拓展至非正式及正式语体的错误搭配上。

语域幽默同样是东北方言展示幽默的一种途径。"脚本是围绕在词语周围的海量的语义讯息，并被词汇所激活"，但是脚本当中包括更多的意思，不是仅仅局限在词义上，是"适用于本族语应用人认知构架的，其说明了将本族语言的人对一小部分世界的认知"。该脚本是讲话人员对特定群体，如家庭、邻居、同事等所分享的，并非对本族语的语言团体当中全部人分享的。比如，东北方言存在正式语体匮乏的现象，在东北人和外界沟通交际的过程当中，其所应用的语义脚本难以适应语域的突然改变，继而产生幽默的感觉。例如，在《昨天今天明天》这部小品当中，来自东北农村的老两口，在和电视台主持人对话的过程中，通过非正式与正式语体的巧妙搭配，制造出了大量幽默：

主持人：今天的话题是"昨天，今天，明天"。我看咱改改规矩，这回大叔您先。

黑土：昨天，在家准备一宿；今天，上这儿来了；明天，回去，谢谢！

黑土：挺简单。

主持人：不是，大叔我不是让您说这个昨天，我是让您往前说。

白云：前天，前天俺们俩得到的乡里通知，谢谢。

主持人：大叔大妈呀，我说的这个昨天、今天、明天呀，不是昨天、今天、明天。

黑土：是后天？

主持人：不是后天。

白云：那是哪一天呢？

主持人：不是哪一天。我说的这个意思就是咱，这个——回忆一下过去，评说一下现在，展望一下未来。您听明白了吗？

黑土：啊，那是过去、现在和将来！

白云：那也不是昨天、今天和明天啊！

黑土：是，你问这有点毛病。

白云：对，没有这么问的。

主持人：我还弄错了我还——那谁先说呀？

方言幽默出现的因素较多，我们能够从很多层面展开分析。首先，差异语域的区别。老两口整部小品当中应用的都是东北方言，如前文所介绍的，词汇缺少正式语体。在他们以这种语域进行交流的整个过程中，非常明显和主持人的意图不一样，出现了误解。其次，误解的层次源自于脚本理论："该脚本是说话人对某一人群，如家庭、邻居、同事等所分享的，并非是对讲本族语的语言团体内全部人分享的。"由此可见，该小品当中的喜剧角色所采用的脚本均不是对方正在应用的脚本。谈话双方非常严重地受到了脚本的制约，导致他们就算说的是同一种语言，但是仍然听不懂对方说的什么。对于台下观看小品的观众来说，把东北方言和语域在他的脚本当中进行结合，幽默也就随机产生了。例如：

范伟：我现在已经读博士后了。

赵本山：你得往前撵啊，不能老在后面！

《送水工》小品当中，赵本山饰演的是一位送水工人，谈话的过程中，将"博士后"中的"后"理解为方位名词，便劝慰范伟扮演的角色应该"往前撵"，这一理解非常新奇地打破了人们正常的思维定式，继而让观众充分地感受到小品台词的妙趣横生。

第四节 东北方言幽默的语用功能

千百年来，东北地区经常战火纷飞，这逐渐让东北人民形成了一种豪爽、崇尚勇者的文化理念，与受儒家文化影响的中原地区截然不同。回顾历史车辙，东北地区出现过的多个少数民族其遗风直到今天仍然体现在东北人民的性格里面，为了生存，东北人的性格经常是敢爱敢恨、风风火火、做事直爽、为人坦荡。东北文化作为一个完整的文化体系，民间笑谑艺术在建构东北人民日常思维、促成东北人民日常生活的再生方面产生了巨大的作用，是我们绝对不能忽略的关键因素。

一、交际功能

幽默在东北地区的文化体系当中占据着关键位置，甚至超过了"笑"

和"逗趣",弥补了东北文化体系当中"法"和"理"的缺位,继而形成一种独具特色的"礼"。一部分东北人将人划分为"可以交"和"不可以交"两种类型,一旦一个东北人认为这个人是"可以交"的一类,他们便会将自己的热情与真诚展露出来;如果认为这个人是"不可以交"的,那么极有可能会敬而远之。

"伸手不打笑脸人"是东北俗语,通过这句俗语可以发现,幽默是评判对方是敌是友的一个标准。幽默在这里被上升到了道德的高度,彰显的是一个人的胸怀、善良。为什么东北人经常将幽默的人视为"可以交"的人,其原因在于东北人更加看重幽默者所具有的这种博大胸怀。尽管旧社会大多数东北人没有读过书,如同"君子坦荡荡,小人常戚戚"一般的话也很少接触到,不过东北人以幽默判断好坏的标准之下,"可以交"的标准和孔子对于君子的那句描述"仁者不忧,智者不惑,勇者不惧"极为契合。过去的大多数东北人不听、也不懂孔子的话,凭借自己对世界的摸索、认知,以及对美丽生活的向往、追寻,让自己变成了热爱幽默的人。做人要实实在在、不要弄虚作假,也是东北文化当中的关键道德指标,被朋友、被身边的人认为自己是一个"实在的人",那是一件非常自豪的事情。同时,自己也会被判定为"可以交"的人。倘若一个人被其所在群体视为"不实在"的人,那么这个人极有可能会被身边的人孤立。

幽默与非幽默相比,二者在交际过程中对说话人有着不同的要求,前者要求说话人有更多的智慧和认知。由于幽默一般情况下需要人们曲折的、迂回的讲话。把可能和不可能进行有机化的关联,把现实和非现实进行融合,让听话的人从其中发现和谐与非和谐之间的对立或统一,感受到说话人说话的幽默之处。上述这种讲话的模式,以更加委婉的形式表达贬低、拒绝等一些不好的言语意图,继而防止了矛盾双方发生直接冲突,既保护了说话人的面子,也保护了谈话人的面子。

爱面子与爱慕虚荣不同,这是一种普通人类均具备的心理特征,程度不尽相同,指的是一个人积极向上的社会价值。每个人均是这个社会群体当中的社会人。所以,一个正常人发生面对面的沟通交流这种事是无法避免的。在进行交际活动期间,面子表现为个体所拥有的社会形象,这个形象需要展现约定俗成性和一致性。同时,每一个个体均期待自己的面子能够被维护、被提升,不想要自己的面子被损坏。一切不按照"面子约定"交际或者做事情的人,会被社会中的大部分人认为是古怪的人,不正常的人。

在东北地区，面子对于人们来说关乎着个人在社会群体当中的道德评判。幽默的特别点就在于其为人们提供了一个直接的、巧妙的方式有效规避问题的实质性。

二、说服功能

（一）批评教育

要避免招笑而招笑，要以幽默的哲人与艺术家自居，在谈笑的过程中讲述出富有内涵的深刻道理，让幽默的语言发出智慧与真理的光芒。无论是哪一种文化当中，批评他人的这个度都是最难把握的，特别是东北人暴躁的性格，更是难以使其心平气和地接受批评。所以，通过幽默的语言，让语言绽放出"智慧和真理的光芒"来寓教于乐，是最为合适不过了。如《昨天今天明天》当中的这一段对话。

白云：我想出本书。

黑土：哎呀，你可拉倒吧，看书都看不下来写啥书啊！

主持人：大叔啊，现在出书热，写一本也行。

白云：是，人家倪萍都出本书么叫《日子》，我这本书就叫《月子》！

黑土：净能吹牛啊，你要写《月子》我也写本书《伺候月子》，吹呗。

赵饰演的黑土尽管对宋饰演的白云信口开河的谈话表示非常反对，不过其并未以直接了当的方式对白云进行批评嘲讽，而是用自己的荒谬对白云进行了暗讽，表示出反对你这种荒诞的想法。简短的话语起到了委婉批评的作用，减少了对他人面子的伤害。再比如，在《说事》当中，白云由于六年前上过一次主持人的电视节目，认为自己也算是个出名的人物了，在节目录制期间不断吹嘘、说大话。黑土并不认可白云的这种做法，在电视节目现场对白云展开了教育。

白云：我白云大小也是个名人儿啊！

黑土：拉倒吧，嘚瑟什么玩意，你白云是什么名人，那就是个人名！

黑土：你大妈已经不是六年前的你大妈了，你大爷永远是你大爷。

在白云说自己是个"名人"的场景下，黑土虽然认为白云在说大话，不过并没有以直接的方式讲述大道理，而是非常机智地把"名人"的字序进行了颠倒。上述的表达非常幽默，对白云进行了潜移默化的教育和讽刺，因为极为充分地发挥出了"笑"的感染力与亲和力，所以可以让白云在笑声当中醒悟，接受教育。幽默通过虚拟的、夸张的手法引导他人对笑的对象展开思考，通过平淡的话语揭示崇高，通过荒诞的话语揭示真理，从看起来非常随意的描述当中揭露事物本质。再比如，《不差钱》当中的对话：

孙：爷爷，我有点饿了。

赵：来碗面条。

沈：七十八一碗。

赵：啥面啊？这么贵？

沈：苏格兰打卤面。

赵：是不是卤子贵呀？

沈：卤子不要钱。

赵：那你先来一碗卤子吧，先尝尝咸淡。

沈：哎呀妈呀！没这么上过啊！

赵：那是我没来，我来了你早这么上了。

沈：这老爷子我要说面条不要钱还要面条了呢！

因为沈饰演的服务生并不了解赵饰演的农民，是由于忘记带钱包而导致的这种行为，误以为赵是因为不想花钱、没钱或者舍不得导致的这种行为。根据东北地区人民的思想观念，赵的这种行为被视为"抠门""不实在""不讲究"，自然也就会受到另一个东北人的鄙视，所以这里沈进行了批评。

沈：大爷，你咋这么抠呢？你说你一个没点完我们还得搭一个是不？我总结了，人这一生和睡觉是一样一样的，眼睛一闭一睁，一天就过去了啵，眼睛一闭不睁，这辈子就过去了啵！

主持人：小伙子，精辟！

赵：精辟啥啊，我看他是屁精！

沈：人生最痛苦的事情你知道是什么吗？就是人死了，钱没花了。

赵：人这一生最最痛苦的事是啥你知道吗？就是人没死，钱没了！

可以看出被教育的赵本山，并不服气来自一个跟自己孙女年纪差不多的人的教育，所以将主持人的称赞语"精辟"解构成"屁精"，尽管带有一定的攻击性，不过因为其幽默的话语减轻了攻击的强度，让攻击性变得更加隐晦。这一段两个人的言语斗争在对方富有幽默感的话语中成了没有硝烟的战争，作为小辈的沈对长辈进行批评采用了幽默的语言，自然也有效地降低了批评的攻击性以及直截了当批评长辈的冒犯。

（二）规劝说服

规劝指的是说出和对方观点相反的话。在规劝他人的过程中，如果以直截了当的方式讲述道理，虽然可能道理是正确的，说话者也是好心，但是也很容易对听话者造成伤害，导致说话者展示出一种居高临下的优越感，让听话者感到不愉快，继而难以达到规劝的最终目的。东北方言在规劝方面同样会采用幽默的方式，在让对方露出笑容的同时感受到其中道理和自己的用心良苦。例如：

刘能翻箱倒柜，炕上堆了很多衣服。

妻子见状说：刘能你这是嘎哈呢？你要搬家啊？

刘能：我找一件像样儿点的衣服，我这马上荣升副主任了，也是有头有脸的人物儿了，总要穿得像那么回事吧？你说你这媳妇儿是咋当的？跟你结婚这些年，一件像样儿点的衣服都没给我攒下。

妻子：你说那是啥话？这些年我让你光腚上街了？哪件衣服你穿着不合身？不合身我也没看从你身上掉下来，我看你这是要当副主任忘了自己姓啥了！小心点吧，别尾巴往起一翘，道都不会走了。挑啥啊你挑？哪件衣服也不是大风刮来的，我瞅这件衣服就挺好，你就给我穿这个。

妻子便从衣服堆里面找出一套，直接扔给了刘能，刘能接过衣服只好老实地穿在了身上。

——《乡村爱情2》

刘能在找衣服的过程中跟妻子抱怨自己没有"像样儿"的衣服，实际上是想要妻子给自己买一套新衣服，妻子巧妙地把"不好的衣服、旧衣服"说成"不合身"，幽默地说"没看见哪件衣服从你身上掉下来"，针对升官就想要好衣服一事又说"尾巴往上一翘，道都不会走了"，最终说服了刘能继续穿自己的旧衣服。

三、群体认同功能

东北方言展露出的是一种淳朴、真实的感觉，并且这种话语模式主要展现在与亲人、朋友等熟悉的人的交际当中。所以，和陌生人交流沟通的时候，东北人经常将自己转化为和对方很熟悉的人进行交际，采用熟人之间的话语模式，包括玩笑、攻击以及称呼等方面都可以表达出自己与对方的亲切感。所以，东北方言一般会给人一种热情的感受。

（一）改变交际双方情感距离

当对方由于地位等因素导致与自己情感距离较远时，采用包括开玩笑在内的幽默手段，能够有效拉近和对方之间的情感距离。这种方式可以广泛运用在东北地区，不过离开东北，与不了解这种方式的人采用这种交际策略，往往会引起别人的误会，让人感觉不礼貌。比如，在《昨天今天明天》这部小品当中，老两口第一次来北京参加中央电视台的电视节目，面对以前只能在电视中看到的主持人，老两口显得有些紧张和不知所措，他们利用东北方言为主的交际策略，希望通过开玩笑的幽默方式实现和主持人情感距离的拉近。

白云：你不叫崔永元么？

主持人：对。

白云：俺们村人可喜欢你了。

主持人：真的啊？

白云：都夸你呢，说你主持那节目可好了。

主持人：这么说的呀！

白云：就是人长的磕碜点。

黑土：你咋这样呢！

白云：说实话么。

黑土：你瞎说啥实话？对不起，她那不是这个意思，我老伴说那意思是都喜欢你主持那节目，哎呀，全村最爱看呐，那家伙说你主持的有特点，一笑像哭似的。

黑土：不是，一哭像笑似的。

主持人：他们村都这么夸人啊。

白云：还说你……

主持人：行了行了，别说了，咱还是说您二老吧。

赵本山饰演的黑土与宋丹丹饰演的白云，对第一次见面的主持人采用了贬低性的话语模式，不过其话语模式看似不断对主持人使用攻击性话语，然而实际上老两口想表达的是对主持人的喜欢，将熟悉的主持人当做自家人一般。对于主持人而言，或许其对东北方言的玩笑话语并不熟悉，所以上述话语在此处的应用存在一些有失礼貌的嫌疑。可是，老两口并不熟悉东北以外的人，不知道其他地区的人不使用此种话语模式，始终沉浸在自己的"妙语连珠"和所营造的"拉近乎"氛围当中，希望主持人的感情可以和自己更近一些。

（二）表示亲密关系

《说事》拍摄于《昨天今天明天》的六年以后，前者是后者的续集，此时的老两口更是将主持人当成了熟悉的人、自己人，在话语当中进一步表达了彼此之间的亲密。

白云：怎么的小崔，六年没见，听说你抑郁了？

主持人：这事儿都传铁岭去了？

白云：好点儿没？

主持人：好多了！

白云：你就别装了，你搁你大叔大妈这你装啥玩意儿你这？都写你脸上了。

黑土：是啊，过去你那张脸就哭笑不得的，现在跟紧急集合的似的。

主持人：他们铁岭还这么夸人呢。

主持人仍然不能理解白云、黑土这种"夸人"的方式，不清楚这种"夸人"方式的意图是什么，倘若六年前老两口说主持人长得磕碜是着急缩短彼此之间的情感距离，但这次完全将崔当作自己人，表示老两口和崔之间的亲密关系。所应用的这种话语模式，可以理解为亲朋、家人之间的调侃、玩笑话。在《拜年》当中，赵饰演的养鱼大王赵老蔫儿与高秀敏饰演的妻子、老姑，过年期间去乡长的家中拜年，希望乡长明年可以继续将鱼塘承包给自己。不过，两人和乡长根本就不认识，所以希望通过话语上的交流达到拉近彼此之间距离的目的，继而在自我介绍的时候便开始用尽浑身解数去"套近乎"，套用熟人之间的玩笑话语模式，表述出自己与乡长之间的关系是老姑和侄子、老姑夫和侄子的亲人关系。

范：哎呦，回来啦。你是？

高：我是你老姑。

范：老姑？

高：啊，咱俩原来一个堡子的，父老乡亲，小米饭把你养大，胡子里长满故事，想没想起来？

范：你是哪家来的？

高：东头老高家，把门第一家，三间大瓦房，我爹高满堂。

赵：外号高大毛子！

范：哎呦，这个是？

高：他呀，是我老头儿。

赵：高大毛子是我姑爷，不是，我是他爹的老丈人，不对，他爹是我岳父，我们俩原配。

高：乡长啊，要是搁我这儿论，你还得管他叫老姑父呢！快来认识认识啊。

赵：老姑父，过年好！

高：反了，他管你叫老姑父。

赵：哈哈！

高：哈哈哈哈哈哈哈！

范：哈哈！

赵：让进了吗？

范：这老头？

高：乡长你进来吧，还在外头干啥呀？

范：这也不是到谁家了？

赵和高饰演的角色为拉近自己和范伟饰演的乡长之间的情感差距，"妇唱夫随""颠三倒四"的话语由此展开，一会儿自己是岳父的老丈人、一会儿自己的岳父又成了自己的姑爷，还称比自己辈分小的乡长为"老姑父"，最后两人自顾自、尴尬地哈哈大笑。不过，那句"伸手不打笑脸人"在东北广为流传，乡长尽管对此表示不理解和无奈，不过也被对方的热情所感染，以"笑脸"应对了老两口的"笑脸"。

四、化解功能

（一）化解敌意

东北人喜欢开玩笑、喜欢热闹，性格直率，但是不喜欢积怨。倘若心里有不开心之事，或者心情不好，也经常以幽默的话语将其化解。如《昨天今天明天》这部小品当中老夫妇在化解矛盾过程中所采用的方式，非常具有东北特色。

主持人：二老都这么多年了，风风雨雨这么多年了，为了看个电视，我觉得不值得。

黑土：可不是咋的，后来更过了，这家伙把我们家的男女老少、东西两院议员全找来了开会，要弹劾我。

主持人：事儿还闹大了！

黑土：嗯，后来经过全家人的举手表决，大家一致认为我……

主持人：您是对的！

黑土：给人赔礼道歉。

主持人：赔礼道歉这段呀，一定要让大妈讲。您肯定记着那天是怎么回事儿。

白云：去，我跟小崔说。

黑土：说就说呗！

白云：有一天晚上，咣咣凿我房门，我一开门木头桩子似的两眼直勾盯着我，非要给我朗诵首诗。

黑土：别说了。

白云：啊，白云，黑土向你道歉，来到你门前，请你睁开眼，看我多可怜。今天的你我怎样重复昨天的故事，我这张旧船票还能否登上你的破船！

白云黑土夫妻两人因为看电视的一些事情出现了龃龉，黑土将代表白云对黑土进行规劝、批评的人称为"议员"，便有了那句"要弹劾我"。向妻子白云赔礼的顺口溜、打油诗更是非常有趣和智慧，带有极强的幽默感，不但有效消除了白云对自己的敌意，也展示出自己对妻子的大度。

（二）消解不良情绪

东北人性格乐观，不希望自己在人际交往的过程中和人发生冲突，在自己难过的时候也会通过各种方式让自己尽快走出来，不再难过当中沉浸太久。这个时候，幽默便再次发挥出了作用。比如，小品《老鹞儿完婚》当中的一个经典片段。

马丫儿：你是不是有啥意见啊？

老鹞儿：我能有啥意见啊？你还不了解我吗？小时候听爹妈的，老了听儿女的，刚要说了算了，这回又得听你的。

马丫儿对老鹞儿处处与她作对的态度十分不满，便生气地问他是不是对自己有意见。老鹞儿见状便幽默地缓解了马丫儿的激动情绪。

老鹞儿：眼见人家提高了，我变老外了，这下整不好，我得挨踹了。

老鹞儿来到深圳这个大都市，见到马丫儿的改变，内心感到不安。但是通过对自己幽默的自嘲，不断去缓解自己内心当中的焦虑感。

第二篇 实例篇

第一章
称谓语的民俗文化内涵

第一节 东北方言称谓语系统与东北民俗文化的伦理结构

一、父系中心，长者权威

我国文化受儒家文化影响深远，也在一定程度上影响了主流价值观念的形成，儒家思想当中的核心是"礼"与"仁"，其组成了我国传统思想的根基。我国古时候的人重视"三纲五常"，讲究"尊卑贵贱"等。现阶段，仍然有很多的儒家思想保留了下来，东北文化虽然受其影响相对关内地区较小，但是也在一定程度上受到了儒家思想的影响。

虽然相对于关内，近代东北农村很少出现大家族，没有完善的宗法系统，不过家庭内部普遍存在尊卑秩序，长期坚守着长幼有序、夫妻有别等一系列的基础道德规范。东北家庭当中，亲子关系结构充分展现着家长的权威性。

在传统的东北观念当中，长辈是权威的、是不可以被反驳的，长幼尊卑是最为基础的伦理道德规范。此处的长辈不单单指和自己有血缘关系的亲人，同时也包括平时生活当中与自己有关系的长辈，对这些长辈的尊敬程度经常由自家长辈与该长辈的亲密度，或者自身的社会地位而决定的。不过，不管是哪一种长辈，东北人在称谓上几乎表现出了绝对的尊重，根据辈分或者年龄使用亲属称呼。

就算是平辈分的人，东北人仍然存在着长幼尊卑的观念，哥哥姐姐有管束弟弟妹妹的权利，在和同辈比自己年长的人交流的时候使用"某哥、某姐"的亲属称谓，就代表了自己对对方的尊重。

在东北方言体系当中的称谓语系统里面，长辈的权威性也展现在长辈对小辈的称呼方面。在小辈处于幼年阶段的时候，长辈不会将其视为一个完整的人，对儿童的称呼是极为随意的。儿童一些犯了错误的行为，在东北老百姓的思想中，认为这是很正常的现象，就如同常见的小动物一般，虽然不通人性犯下错误，但是也有些许的可爱之处，这个时候长辈经常会根据孩子的特点，或者根据自己的情绪来称呼孩子。例如，高兴的时候可能叫孩子"大宝贝""大宝儿"等，生气的时候可能就叫孩子"小犊子""小崽子"等。

东北方言当中，对儿童的称谓大部分是基于孩子日常生活当中与成年人主要活动的区别的特征，孩子最为明显的特征就是不喜欢听大人的话、爱哭爱闹、淘气等。例如，"小犊子""小淘气包子"是用来称呼喜欢调皮捣蛋的儿童的；"哭吧精"是用来称呼爱哭的儿童的等。虽然这些称呼带有一定的贬低蕴意，不过长辈并不会认为这是在贬低孩子，孩子也不会因为这样的称呼而产生反感。上述一系列的称呼对于儿童来说并不存在性别区分，无论是男孩还是女孩皆可使用。

二、人情关系，内外有别

在东北常常可以听到"刘大爷""王二哥"一类的拟亲属称呼，其中的姓氏也常常被省略，变成"二哥""大爷""叔""哥""弟儿"等称呼对方，充分展现了东北方言当中的人情味。虽然没有亲属关系，但是大家通过拟亲属称呼，以人为的方式营造出一种与家庭相似的亲密氛围，大幅度地拉近了谈话双方彼此之间的距离。

亲属称谓是一种语言的符号，和人们思想当中的亲属关系、应对态度密切关联，在一个家族当中的成员，辈分存在高低之分，关系自然也有亲密和疏远的区别，人际交往的应对态度不尽相同，重要家庭成员的关系经常更为亲近，血缘关系较远或是长期没有来往、不能见面的家庭成员关系自然也就更疏远一些，感情也比较淡薄。不过，亲密和疏远均是相对而论的，东北人的传统思想当中，亲属关系可以说是内外有差别、层级明晰。重要家庭成员的地位相对于外围亲属的地位更高，血缘关系越少那么就越是疏远，父亲血缘关系的亲属相对于母亲家的亲属更亲近一些，认为同姓才是真的一家人，这同样与中国传统思想一致。

对于东北人来说，自家人的含义是能够延伸的，相对来说，不但可以包括自己的叔叔、大爷、兄弟，同时可以包括自家的邻居或者朋友，甚至包括同在异乡的老乡。在人际交往当中，人和人之间的关系有近有远，和异乡人来说自己的老乡就是家人，和陌生人来说自己的邻居或者朋友就是家人，和没有血缘关系的人来说，亲人、兄弟姐妹就是家人。所以，东北人经常和不存在血缘关系的人使用拟亲属称谓，以此拉近情感距离，不但能够充分展现出某人和外人之间的差别，又可以获取和亲人相近的待遇。

　　东北地区，亲属之间的称谓主要存在三类情况。第一，彼此相处融洽愉快，继而构建起与亲人相似的情感关系，具有较深的感情基础，关系稳定，虽然不是亲人，但是等同亲人甚至超过亲人，称呼语的转变变得极为自然。此类称谓转变是构建在双方感情基础之上的，是彼此感情的一种外在流露，同时态度也会不断向亲人转化，继而引起生活当中行为、话语等多个方面的改变。第二，彼此之间不存在亲人之间的情感、没有血缘，不过为了达到某一目的，拟亲属称谓便成为一种为了达到目的而使用的工具性语言，为达到这一目的说话者会故意和他人拉亲戚、攀关系，是一种虚伪的、应酬化的手段，表面上制造出亲人之间的氛围，不过实际上内心里的态度并未改变。第三，是将亲属称谓当成日常交际活动中的一环，说话双方不但没有亲缘关系和感情基础，同时也没有什么利益上的关系，只是利用了亲属称谓当中的年龄、性别信息。如，买菜的时候称卖菜的老年妇女为"大娘"，称呼老年的男性为"大爷"等，这种称谓并不是因为彼此之间有什么感情，也不是为了恭维，只是以此称呼年长之人，表示对对方的尊重，可以将其视为一种礼貌性的招呼。最后一类处在前两类之间，在环境条件不同的时候，可以向双方转化。

第二节　常见东北方言称谓语的语用研究

一、夫妻称谓语

　　民族文化的融合孕育了今天的东北文化，随着时代的改变，东北文化不断向复杂化发展，呈现出开放性和多样性。东北地区和中原地区的文化比较，前者不仅包含汉族文化，也包含了很多源自于少数民族的文化，为东北文化赋予了一丝羁傲不逊，寒冷的气候又为东北文化盖上了一层不屈斗志。和传统封建的南方文化、中原文化相比，东北文化更为开放。

　　东北方言当中的称谓语也在时代的变迁中发生了改变，过去妻子会称自己的丈夫为"当家的",丈夫则称自己的妻子为"孩子他娘""媳妇儿"等,因为过去女性社会地位很低,所以男性在称呼自己妻子的时候也会带有一丝的贬低之意。随着自由恋爱的普及,情侣们对对方的称呼也变得多种多样,依然沿用的"媳妇儿"也不再具有贬低之意,以及一些西方化的亲密称呼在东北年轻人的口中也是张口就来。

在现代东北人民群众的生活当中,夫妻、情侣之间的称谓语呈现出多样性,有洋气的,也有沿用传统的,在场合不同、说话人年纪不同的情况下存在着差异。在亲密的场合中,男性经常称呼女性为"媳妇儿""老婆""宝贝儿"等;在正式场合同他人介绍自己妻子或丈夫的时候,会以"爱人"来称呼;在一般场合下,也经常用对方的小名、乳名或者大名称呼。

现代东北年轻夫妻之间的称谓和老一辈人存在巨大差距,如"老婆""媳妇儿""宝贝儿""老公""哥哥"等称谓语在年轻人当中非常常见。中年人则会称自己的妻子、丈夫为"老娘们儿""老爷们""我家那口子",或者是用"孩子名+他爸/他妈"来称呼。老年人相对于年轻人和中年人来说,称谓语更为随意一些,称谓语当中经常含有一些贬义,如"老东西""老太太""老䠻"等。其主要原因是,夫妻共同生活时间越长,彼此之间越熟悉,称呼也就变得愈加随意。虽然这些词语带有贬义,但是就好像东北人性格当中的放荡不羁一样,称谓语虽然看似口无遮拦,仍然包含着对妻子、丈夫的爱意,暗含着浓厚的情感于其中。

二、亲密同辈间常用的称谓语

东北人的社会交往中大部分都是在与相同辈分的人互动、打交道,包括过去的同学、现在的朋友同事。对于不熟悉的点头交大部分东北人用全名称呼对方,比较熟悉、要好的同学、同事及朋友之间经常不带姓氏,直接称呼对方的名字,或者是取名字当中的一个字进行叠加来称呼对方,如大名为"程嘉",朋友就会使用"嘉嘉"的称谓,更为亲密的关系则还会用外号称呼彼此,一般情况下外号叫得越难听、越具有贬低之意,则关系越近。

在东北以兄弟姐妹一类的称谓去称呼对方的时候,不一定双方关系亲昵,倘若想精准判断对方想要传递的讯息,首先必须熟悉东北兄弟姐妹称谓语融括的结构含义。在家族当中兄弟姐妹为同辈分,不过这不代表兄弟姐妹之间不存在高低，兄弟姐妹以及其妻子/丈夫的地位主要由长辈决定，通常划分为三种不同的情况。第一种，根据年龄划分地位，岁数越大那么家庭地位就越高；第二种，根据性别划分地位，封建思想影响下，男性地位普遍高于女性；第三种，依据父母或长辈对子女的喜爱幅度划分地位，长辈越是喜欢，那么孩子的地位就会越高。东北人的生活当中，兄弟姐妹的地位排序主要受到以上三种情况的综合性影响，第一种、第二种情况影响较大，第三种情况次之。

在年龄划分地位方面，主要原因在于计划生育政策落实以前，东北大部分家庭都有很多孩子，在家庭教育的过程当中，父母将孩子划分了不同的家庭地位。其一，出生早、年龄大的孩子要比出生晚、年级小的孩子承担更多的责任，要比弟弟妹妹更懂事，应以身作则将自己塑造成弟弟妹妹们的榜样，以此方便家长对年纪小的孩子进行教育，家长经常会在年长孩子表现优秀时对其进行称赞表扬，并给予他们更好的待遇，继而提升其在家庭当中的地位。其二，倘若一个家庭当中事务繁重，父亲母亲的能力无法实现对孩子的正常抚养，那么家长身上的重任有一部分就会被归于年长的孩子身上，以此让家长有更多的精力和时间去照顾年纪小的孩子，家长也会在对年纪小的孩子教育的过程中，不断塑造年长孩子的权威形象，提升他们的家庭地位，赋予年长的孩子更多的话语权。特别是一个家庭当中的长子，会被视为一个家庭当中除父母之外的"顶梁柱"，不管是物质上，还是在教育重视度上，家长给予长子的往往相对于弟弟妹妹更多，当然其也需要承担比弟弟妹妹更多的责任和义务。

在交际圈中被称之为"大哥"的人，其原因之一可能是年龄长，原因之二可能是这个人在能力、责任心等方面更强，能够给予他人支持和帮助。不管从哪一点原因来说，"大哥"经常是这个交际圈当中的核心，具有较高的领导权和话语权，也可能是交际圈当中其他人员的榜样。倘若根据"大哥"这一称呼所代表的符号含义为指标对一个男性进行评判的话，或许只有很少的男性能够配得上这一称呼，所以大部分男性则是退而求其次，在称呼对方的时候用"X＋哥"的形式称呼对方，其中也存在戏谑、玩笑、互捧等蕴意。对"X＋哥"的结构进行分析，主要是因为姓氏重复率高，具有更高的普遍性，所以一般情况下不用"姓＋哥"来称呼朋友，多使用"名＋哥"。"X＋哥"当中的"X"也可以是某个人的外号或外号的一部分，朋友之间表示亲昵经常用这种形式称呼对方，比如"大彪哥"

"胖子哥"等，其中的外号并不具备贬低之意，更多的是玩笑。这种称呼方式不仅能够表现出与对方的亲昵关系，也能表现出对对方的尊重，以及展现出东北人幽默风趣的性格，所以在东北年轻人之间使用率非常高。

交际圈当中东北人经常将比较强势的女性朋友称为"大姐""X姐"，其使用意义大致和"X哥"雷同，主要指的是能力突出、办事爽快、为人大方、具有一定地位等的"女强人"，是一种表达对其尊敬、敬重的称谓。

东北地区与南方地区不同，将不存在直接性血缘关系的"堂兄妹""表兄妹"直接称呼为"哥、姐、弟、妹"，所以在称呼上难以区分出谈话两者是否为同一个家庭当中的兄弟。特别是在东北的乡村地区，一个村落当中的同辈人基本上全部以"哥、姐、弟、妹"称呼，如同一家人一般。与此同时，东北人在交谈交际当中为拉近彼此之间的情感距离，与同辈之人也经常以兄妹相称。

第二章
指示代词的民俗文化内涵

第一节 东北方言指示代词的相关问题

一、方言代词研究概况

随着我国语言学领域的持续发展，学者们对指示代词的讨论研究持续加深。虽然现阶段对东北方言当中的一系列指示代词研究仍然处于一种空白状态，不过国内其他地区方言指示代词的研究成果已经较为全面和丰富了，这为东北方言指示代词的研究提供了较大帮助。

对于汉语方言代词的研究讨论上，早期学者们比较重视对语言实时的讨论和分析，在研究不断由浅入深的过程中，学者们的眼光也变得更为广阔，逐渐开始从认知层面对人类语言机制展开探索，对各种语言的现象进行了理论解释。相关研究成果主要汇集粤语、闽南话、客家话、西北官话、吴越方言等方面，充分展示出研究角度新颖、分析深度较大、探讨思路宽广、研究方法多元等一系列特点和优势，同时也极为重视理论层面的解释与阐述。其中较为优秀和典型的研究成果包括《潮汕方言指示代词研究》《上海方言指示代词研究》等，这些研究成果的问世，极大程度地为其他方言指示代词的研究指明方向，提供了思路。汉语方言代词系统的研究讨论，基本上可以围绕下列几个问题开展。

其一，有关方言代词单、复数形式关系的研究。

对于我国方言代词的一系列研究，人称代词方面的探讨是最为深刻的，不但所考察的方言点数量比较多，对于人称代词的描述也是非常全方位的。特别是"三身代词复数表示法"的研究非常深入，是近年来研究的热点内容。《近代汉语指代词》一书立足于语法层面，对"三身代词"当中的单数以及复数形式展开了系统性讨论。在相关研究当中，研究人员对于单数、复数彼此之间的形式关系更为关注，为找到解释单数、复数形式关系以及其发展和演变的规律，讨论站在构词、语音以及语法等很多个出发点进行研究。周平华老师在《江苏吴语研究》一书中对吴语当中的人称代词的单数、复数形式关系展开了分析，周老师把闽南语当中的人称代词复数形式划分为两大类型，其一是以韵母形态曲折变换形成复数，其二是以词尾加语素的形式形成复数。而在张元亨所著的《浅析天坛方言》一书当中，张老师把吴语当中的人称代词复数形式的变换划分为四个不同层次，分层的根据主要是语音变换或复数词缀。除此以外，刘会东等学者均针对我国某地区方言对人称代词单数、复数形式关系展开了系统性分析。而王泽林针对福建省福州话指示代词系统当中表物复数展开研究，并提出三种不同的方法：一是借助数量词；二是借助方位词；三是零形式，也就是无论是单数还是复数的指称形式均一致，句子当中通过副词"都"来表达出复数之意。

其二，利用考本字。

研究人员们对方言代词和古代汉语词语两者之间的变异、继承关联展开研究，在经历对比分析以后，大幅度提升了人们对亲疏远近关系的认知水平。在韩嘉平老师的《释您、俺、咱、喒，附论们字》以后，各类有关方言代词溯源的书籍不断出现。在生活常用指示代词的研究上，龚卫东在2000年对闽南话当中比较常见的指示代词实施了一系列考察，在其所著的《汉语方言代词研究》一书当中收集了十一篇文章，均与方言代词溯源研究有关。方言代词溯源这一层面的讨论研究所涉及的范畴非常广阔，从指示代词、人称代词再到疑问代词，均进行了语源方面的讨论，其所研究的视角同样是语法、语音以及语义等综合化的视角，比如刘广汉在1998年便从语法以及语义的视角对广东省北部客家话当中的人称代词单数"领格"形式展开了源头追溯。

其三，指示代词近指、远指的单分和多分说。

很多地方的方言当中，指示代词是被划分为两种的，即远指和近指。不过通过有关方言指示代词的文献资料了解到，方言当中的一些指示代词是存在一分或者多分现象的。宋平辉对方言之中的"三分"现象进行了研究，三分指的是近指、中指/中远指以及远指，这是我国有关方言代词最早的记录。至此以后，大量学者对"三分"这一现象的讨论越来越多，对"三分"现象实施假设、求证，在确定指示代词存在"三分"的基础上，对"三分"的划分基准展开了系统性研究，这也为本书的研究带来了大量启发。比如，林长峰学者从地区分布、语义种类和产生的原因等方面展开了对指示代词"三分"的研究；林勇岑则是从共时的视角对"三分"展开研究，其表示，指示代词的对举应用当中确实存有"中指"现象，但这并非实质性"三分"，从历时的视角对其进行审视，这应属于词汇更替现象。

其四，代词的形式同方向发展现象（趋同现象）的研究。

在代词研究持续性深入的过程当中，很多学术人员逐渐从单一描述上升至理论解释，发现方言当中经常存在的某种现象，即趋同现象。在我国，最早发现这种现象的学者名叫李隆，其表明了语法层面属于相同小类别的用法比较相近的字，有的时候在读音方面会相互吸引，继而导致字音的变更。上述现象被称为"感染作用"。各个地区的方言当中的"三身代词"经常存在于这种语音的感染作用上。对这种现象进行研究的主要学者包括曹铭雨等人，其将这种现象称之为"趋同现象"。曹铭雨对福建龙岩大田县方言存在的这一类现象进行了探讨，并将此类现象的研究由"三身代词"延伸到指示以及疑问代词上，大幅度开阔了研究视野。

其五，方言代词的对比。

我国各个地区方言代词具有多样性，站在纵向的层面来讲，是方言各个历史层面语音成分的叠置，站在横向的层面来讲，是方言和共同语互相发挥作用的一种结果。在方言代词的一系列研究之中，把普通话和方言实施比对，同时还需要进行古代、现代的纵向比对，唯有将共时和历时结合起来，把空间与时间两个不同的因素都考虑在其中，才可以更为精准地挖掘出其内在变化和发展的规律。比如周永涛学者在对方言之间亲属关系的研究当中，就从横向的视角进行了分析。我国方言代词的研究已经经过很长一段时间，在一代代研究人员的共同努力拼搏之下，获得了大量成就，在一部分主要问题、重要问题上已经达到了共识。

二、东北方言指示代词研究现状

相对于客家话、闽南话等方言当中的代词研究所取得的一系列优秀研究成果，现阶段对于东北方言当中指示代词的研究仍处于初级状态，无论是论文还是著作等数量都很少。当前，整个知网只能检索到一篇有关东北方言代词的学术论文，在描述语法范围当中。除此之外，还有一篇广西某大学的硕士研究生在前些年发表的一篇学位论文——《辽宁省铁岭市方言代词探讨》。张敏之、冯海民等人编制的《东北方言词典》当中,也为东北方言中的指示代词研究供给了一些资料。不过,其中可以找到的指示代词数量较少,并且由于词典本身的特点和性质,内容主要为释义及列举。对这种现象的原因进行分析,主要是大部分人将东北话视为与普通话最为接近的方言之一,所以对其指示代词的研究少之又少,事实上并非如此,东北方言当中的指示代词是具备自身特性的。所以,对于东北方言当中指示代词的研究,仍然需要大量学者的共同参与。

第二节 东北方言的指示代词系统

指示代词就是具备指别以及称代功能的词语,东北方言当中的此类词语在表现意义、形式以及句法作用等一些层面,相对于普通话来说具有更多的特点,也比较细致。

一、指人或指事物的指示代词

"这""那"主要有指别和称代两种语法意义,和指别意义相对应的语法形式是指示代词后面有名词,和称代意义相对应的语法形式是指示代词后面没名词,但是后面没有名词有的时候也兼表指别,即:既指别又称代。

(一)"这""那"的指别意义

1. 基本义

东北方言中的指示代词是二分的,"这"近指;"那"远指。近指和远指的分别,基本上是空间的,但往往也是心理的。因此,有同一事物,先说"这",后说"那"的,这是心理距离的改变,也可以说是观点的移动。

例1:那事儿大伙儿都已经知道了。

例2:这地方不是姆们才来的那地方吗?

例3:这谁家的羊啊,瞅把姆家苞米给揣咕成啥样了。

例2中所指的"来过的地方"实际的空间位置是没有变化的,之所以先用"这"、后用"那",是因为说话人的心理距离发生了改变。

"这""那"后面可以加量词，或加量词的形式，整体表称代。如："这件我没相中，你给我拿那件看看。""恁这一条在哪儿买的？"吕叔湘在《近代汉语指代词》中，把"这""那"之后没有量词出现的情况称为直接称代，把有量词但没有名词出现的情况称为转称称代，并比较了两者的不同。

还能直接限制方位词或方位结构。

例1：我进这里找找。

例2：他们都跑那房顶上去了。

2. 意义的虚化

第一，"这"虚化为类似表示有定的冠词意义。

指别词本身或者指别词与其后的名词一起用于指称一个在说话人看来听说双方确知的对象，针对其所指对象都可以用"哪个"来提问。

例1：哪件是新买的衣服？

这件是新买的衣服？

例2：哪个学生是新来的？

那个学生是新来的？

但在东北方言中，有些"这"字句，不能用"哪个"来提问。具体形式如下：

"这+专有名词"，整个名词性短语并不指语境中或谈话双方共有意识中实际存在的某一个体，而是具有这个个体所代表的某些特征的一类对象。

例：恁以为呢！这雷锋可不是那么好当的。

"这+通指名词"，整个名词性短语指某一类对象，而不是语境中或言谈现场中的具体个体。

例：恁知道吗？就这外国人呐，您们想干啥就干啥，不受束缚。

"这+光杆名词或'的'字结构"，回指前面提到过的人或事，泛指具有这类特征的对象。

例1：现在时兴吃猪脑，那玩意儿多恶心人呀？这人怎么能吃那东西啊？

例2：恁就说姆们这位吧，过去让往东不敢往西，现在倒好，成大爷了。

例3：这男的呀，稍微长点儿本事，就跟着长脾气。

"这+名词"，非回指，名词的所指是由于概念关联而确定的对象，而不是上文中已经出现的确定的对象。

例：在中国恁要做炸酱面。那也是，把这肉搁里面，噼里啪啦一爆，把酱往里一搁，就行了。

这些用法中的指示词的作用是：把一个指称属性不十分确定的名词身份确定化，也就是说这种情况下的"这"不用于指别，没有远近的分别，只剩下定指的功能。吕叔湘在《近代汉语指代词》中指出：当名词本身已经有定，无需指别的场合，也常常加用"这"或"那"，我们不妨称这个是冠词性的。也就是说，在"这""那"所指对象不需指别时，"这""那"的指示意义会在不同程度上虚化为仅仅表示有定的冠词意义。我们知道"这"与"那"的运用在语法上是不对称的，徐丹有过详细的论述。她在文章中提到"这""那"在使用频率上的悬殊，"这"位于常用词第10位，而"那"位于第182位。由于"这""那"使用上的不平衡性，"那"的指示意义还没有那么高的虚化程度。因此我们认为，东北方言中指示词"这"在用法上已经类似定冠词的用法，可以确认为已经虚化为类似表示"有定"的定冠词。

第二，虚化为无指标记。

例1：那这事儿就说定了。

例2：要不那啥，我把玉田叫来吧。

例3：我这就去。

例1中的"这"不称代，也已经没有"指别标记"的功能了。

(二)"这""那"的称代意义

1. 基本义

"这"代替较近的人、物或事情；"那"代替较远的人、物或事情。"这""那"后没有其他的名词出现，往往用来代替上下文已经出现或者说话双方已知的比较近或者比较远的所指对象。

例1：恁想让他点头？那可难了。

例2：到了，这就是铁岭最贵的一家饭店。

例3：刘老根儿又是撞大树，又是坐大道，又是爬大峡谷，这一出一出的演啥戏呀？

例4：哎呀妈呀，那多不好意思呀！

2. 意义的虚化

第一，虚化为泛称代。

"这"与"那"在一句话中对举使用，表示众多人或事物，不确指某人或某事物，仅用来表示不确定的泛称代。

例1：整整这，弄弄那，时间就过去了。

例2：这一句，那一句，说个没完。

第二，虚化为连接意义。

"那"可以用在小句开头，引下文，称代意义虚化为连接意义，起连接作用，相当于"那么"；或在语用上引起话题。

例1：恁们都不去，那我也不去。

例2：那是，恁要看家护院，也只好站在门口挺着了。

例3：那好那好，只要忙，就说明您们公司有活儿干，有活儿干效益就好，到月底不愁开不出工资。

3. 功能的扩展

东北方言中还有"人称代词＋指示词＋动词"的形式，用来指称某种行为，在话题中多是回指性的。

例1：恁跑校长那儿了，还哭了？事儿解决了吗？

例2：嘿，恁这哭还挺管用。

"这哭"相当于"哭这种行为"，"哭"放在"这"后丧失了动词性而具有名词的特征，前面不能加副词，后面也不能带宾语，更不能重叠。可以看作是"这"使动词丧失动词性的标记，是"这"功能的扩展。

例3：我那馋呀，就别提了。

"那馋"相当于"馋的那个样子或程度"。

再进一步，在东北方言中，表称代的指示代词"这""那"可以直接加在动词或形容词前，构成"指示词＋谓词"的形式。

例1：这吃饺子可是头一遭。

例2：那下棋可有许多门道。

在前面的阐释中，我们知道"指示词＋名词"形式是"这""那"所能进入的最基本的格式，而一些谓词也能进入这种格式中，但进入这种格式的谓词的动作、行为或性状已经被削弱，我们可以说指示词"这""那"

具有削弱动作、行为、性状的功能，即可以看成是弱化谓词的标记。

二、处所指示代词

（一）东北方言处所指示代词的构成

"这儿""那儿"可以称代处所，相当于普通话的"这里""那里"。

例：到了，就搁这儿吃饭。

东北方言称代处所时，往往在"这"或"那"之后加上一个表处所意义的词语，这种构成形式虽然还没有凝固成词，但是后面的词语一般不能单用，如能单用，它的语义与处所代词中的语义已经不同了。东北方言称代处所一般可以用：

这旮瘩儿、那旮瘩儿；

这旮儿、那旮儿；

这块儿、那块儿；

这两溜儿、那两溜儿；

这晌儿、那晌儿、别晌儿；

这们、那们；

可哪儿、扬哪儿。

1. 主要用"这旮（瘩）儿、那旮（瘩）儿；这块儿、那块儿"指某地或某处。

第一，常作主语，或直接与动词共作宾语：

例1：大老远的恁一直拎这旮瘩儿来？

例2：我今晚就住这旮儿了，添麻烦了。

例3：我把充电器落那块儿了，你帮我找找。

例4：跑这块儿来干啥？

在这几个例句当中，普通话可以说成"拎到这""住在这""留在那""跑到这"，处所词作介词"在"或者"到"的宾语，而东北方言可以省略引进处所词的介词"在"或者"到"，处所词语直接与动词共现，作宾语。

当句法中有双音节趋向动词"回来""进去"等时，往往倾向于省略处所短语。即使用一般后面习惯跟上表目的的动词性短语，处所词位于双音节趋向动词的中间。

例1：恁啥时候回来？（零形式）

例2：他跑回这旮儿来拿东西。

第二，放在指人名词或代词的后面，与前面的词一起指别处所。

例1：姆们要去爷爷那旮瘩儿，恁去不去？

例2：他跑爷爷那场儿去了。

例3：如果恁们那旮儿风景好看，这事儿肯定行，因为恁们那旮儿吃的和住的都很有特点。

2."这两溜儿"指"这一带、这附近的地方"，"那两溜儿"指"那一带、那附近的地方"。

例：这两溜儿不让停车。那两溜儿晚上不安全。

3."这晌儿""那晌儿"有时也指"这一带、这附近的地方"与"那一带、那附近的地方"。

例：哟，是老姨呀，我老远就瞅恁在这晌儿转悠，咋不进屋呢？

（二）"这们""那们"

在东北方言中，"这们""那们"相当于普通话的"这么""那么"，除了跟"这么""那么"表程度的相同用法之外，还有表处所、方位的用法。"这们"对向说话者，"那们"背向说话者，相当于普通话的"这边""那边"。

例1：恁从这往这们走，没几步就到了。（指代处所）

例2：脸冲那们站。（指代方向）

（三）"别晌儿"

这个词指代某一处所或某些处所之外的其他处所。在句子中可以作主语、宾语或者介词的宾语。

例1：别晌儿没这种酒。

例2：这晌儿环境太差了，去别晌儿吧。

例3：这本书我是在别晌儿买的。

而其他表处所义的词语不能进入此格式，不能说"别旮儿""别块儿""别两溜儿"，而他称处所词"别晌儿"，凝固得较紧，更像词。

（四）"可哪儿""扬哪儿"

东北方言中的"可哪儿""扬哪儿"，指代所有处所，相当于普通话中的"到处",主要用来修饰动词性成分,有时也作主语。

例1:书不要扬哪儿放,乱七八糟的。

例2:他一天到晚可哪儿跑,看不着人影儿。

例3:可哪儿都是水。

三、数量指示代词

东北方言指示数量的多或少往往使用一些固定格式。指示数量,强调多用"这们些""那们些",强调少是用"这们点儿""那们点儿",强调更少用"这们丁点儿""那们丁点儿",可作定语、谓语。"这们丁点儿""那们丁点儿"还指"小",已经不是数量了。

例1:今儿来了这们些人呐。

例2:这们点儿够谁吃的。

四、时间指示代词

东北方言用"这咱、那咱;这前儿、那前儿;这会儿、那会儿"表时间点;"这阵儿、那阵儿;这一气儿、那一气儿"表时间段。

(一)时间点指示代词

"这咱、这前儿、这会儿"指代较近的时间,"那咱、那前儿、那会儿"指代较远的时间。"这咱、那咱;这前儿、那前儿;这会儿、那会儿"最常见的用法是单独在句首或谓语前作时间状语。

例1:恁咋这咱才来呢?

例2:想起那会儿受的委屈,现在心里还难受。

修饰名词性成分时,后面需加结构助词"的":

例1:我跟你们说啊,就这会儿的螃蟹才肥呢。

例2:这咱的孩子一点儿苦都吃不了。

例3:这前儿的雨比刚才小了。

还常用在时间词之后复指前面的时间词,使所说的时间更准确:

例1:昨儿这咱我刚下火车。

例2:昨儿这前儿您在铁岭呢。

或者和本来不表示时间的词语结合成为表示时间的词语：

例：我看见您的那咱还是个孩子。

"这咱、那咱"所指时间的远近之别，一般以说话的时间为基准，即"这咱"指现在、目前的时间，"那咱"指过去或将来的某个时间。但"这咱"并非一定以说话的时间为基准，如果它前面有指过去或将来的修饰语时，就可以指过去或将来。

例1：十年前这咱我还没出生呢。

例2：二十年后这咱我已经当爷爷了。

也可以和非时间词语共现，表过去或将来的时间：

例：您领那人进屋，这咱我才知道原来他是居委会的不是贼。

（二）时间段指示代词

东北方言中用"这阵儿、那阵儿；这一气儿、那一气儿"表示时间段，通常情况下表示的是一段较短的时间段。"这阵儿、这一气儿"指代时间较近的一个时间段，可以在普通话中表述为"这一小段时间"。"那阵儿、那一气儿"指代时间较远的一个时间段，可以在普通话中表述为"那一小段时间"。"这阵儿、那阵儿；这一气儿、那一气儿"主要作状语。

例1：我那一阵儿身体不太好。

例2：这一气儿您喝了三碗粥。

例3：这一气儿我跑了两里多地。

例4：您那阵儿还说和咱一起走呢，现在又没动静了。

"这阵儿""那阵儿"所指代的时间段是断断续续的，而"这一气儿""那一气儿"所指代的时间段是连续不间断的。"这阵儿、那阵儿"还可以用在"时间词或本来不表示时间的词语"后复指前面的时间词，表示时间，而"这一气儿、那一气儿"不行。两者都不能作介词的宾语。

例1：刚才这阵儿，好大的雨呀。

例2：昨天吃午饭那阵儿，你上哪儿了？

第三节　移民对东北方言指示代词的影响

东北地区世代生活着满、蒙、鄂温克、达斡尔、锡伯等少数民族，直到近代以来，随着关内汉人及其异国移民的大规模涌入、各民族之间的相互融合，才逐渐形成了今天东北地区质朴、风趣、贴近百姓、富有生活哲理的东北方言。东北地区少数民族的语言文字比较庞杂，清政权建立以后，东北地区的少数民族基本上被编入八旗，统治者借助行政力量在各民族中推行满族语言，满族语言才逐渐地占据了主导地位。入关以后，受环境的影响，加之社会经济的不断发展，满族人越来越感觉到本民族语汇的贫乏，于是开始大量地借用汉语词汇。汉文化的传入主要是通过民间汉族移民进行的。而众多外国移民与东北民众长期杂居在一起，必然在语言文化方面对当地人民产生一定的影响。特别是俄国、日本、朝鲜三国移民，在东北居住时间较长，其中俄、日又利用军事力量搞语言同化，正因如此，东北地区一部分人的俄语、日语、朝语基础较好，这与外国移民的进入有一定的关系。

一、东北地区移民的构成

（一）近代以前及近代东北地区的国内移民

1. 东北早期的汉族移民

汉族移民东北的历史上溯可及殷末。秦汉以来，中原汉人不断迁至东北，东北地区的汉族人数急剧增加，汉朝政府分设郡县以辖东北地区的汉人。当时东北汉族的人数达到近百万人，是各族中人数较多的一个民族。东汉末年到三国时，中央政权衰弱，周边各族强盛，汉民又有不少迁居到东北地区，东北的汉人增加了一倍左右。西晋后期，中原战乱不休，迁往东北的汉人更日益增多。

2. 辽代是汉族大规模向东北移民的开始

唐末五代时期，辽统治了东北。耶律阿保机在征战过程中，除将当时东北十多个民族纳于治下外，还多次南下中原，将更多的汉人移入东北。"辽军每攻陷一城，除了抢掠财物外，还采取徙民实边的政策，将在战争中俘虏的大批汉人，强迫迁向东北，在内地，即契丹故地，建置州县，进行统治，借以实边。"

这种被迁徙的汉人，大致可以分为两类：一类是广大平民百姓，一类是士兵及各种官员。辽代汉人移民到东北，具有强制性的特点。辽国有意地用战争来俘获和强迫移民。而且人数众多、分布较广,"西北至鄂尔浑河,北至嫩江下游,松花江以南,东南抵鸭绿江"。

3. 金代大规模的强制性移民

到了金代,金统治者为促进其发源地的经济发展,在人口问题上执行了"禁汉人南流"以充实"内地"的政策,把中原地区的汉民迁到东北。

金初,金统治者把吉林和黑龙江一带作为内地,经常向这里移民。据《金史·食货志》记载:"天辅六年(1122年),即定山西诸州,以上京为内地,则移其民实之及七年,取燕京路。二月,尽徙六州氏族富强工技之民于内地。"金代的奴隶主贵族,在落后的生产方式下急需劳动力,动辄数千人护送,长途押运,可见其迁徙人数绝非少数。

到了吴乞买时期,金统治者为了扩大地盘,屡次南征,每次都是大肆掠获金银财宝和人口。特别是建炎元年(1127年)金军破开封后,将北宋徽、钦二帝及后妃、公主、宗室、大臣以及技艺工匠北迁。建炎二年(1128年)正月,陷邓州,《建炎以来系年要录》记载:"金又需百工技艺人及民间金币男女,驱而北者,无虑十余万。"这次将中原汉民大规模强制性北迁,应该说是历史上古汉族向东北所做的第二次大规模的移民了,汉人人数比辽代增加了许多倍。

4. 明清之际东北第二次大移民

元、明之际的战争,使得东北的人口锐减,人民离境,或入朝鲜,或返回关内。在政局稳定之后,明廷采取了一系列措施,使生产发展、户口增加。明初奴儿干都司在黑龙江下游、特林地方修建永定寺,先后立碑两块。经过中外学者多年考证,在碑文中得出百余人姓名,其中有许多是汉族姓氏。至明朝中叶,人口与经济都有大幅增长,根据明朝中叶辽东经济的发展和明末人口的动荡,我们估计辽东都司总人口可能有300万人以上。

后金政权建立于天命元年(1616年),为了扩大其统治,和辽、金两代一样,到处掠民。天聪十年(1636年),皇太极将后金政权改称为大清。在这一时期,皇太极大量招徕汉人,并几次挥戈入关,掳掠了数十万汉人。皇太极在位时,清军先后5次大规模入关作战,主要是为了达到掳掠人口的目的。大批汉族人民被迫迁离故土,移居到辽东,使得辽东的汉族人口数量大幅增加,从而改变了辽东满汉人口的比例。

5. 清初的招垦、封禁、京旗还屯与移民

顺治元年(1644年),清廷入关,到道光二十年(1840年)鸦片战争发生，从严格意义上说，到咸丰十一年（1861年）营口开港，是关内汉民在近代前夕大规模地向东北移民阶段。在这一阶段，伴随着国内、国外及东北政治、经济形势的变化，清政府在关内人口向东北迁移这一重大问题上的决策，也有一个变化、发展的过程。清廷的移民政策直接地影响了这一时期关内汉民"闯关东"的规模。此阶段的移民异于以前的移民，也与近代该地区的移民有所不同。因为从前向东北的移民，多是东北地方政权或中央政权在发动战争中掳掠的人口、流放的罪犯，带有被动性、强制性，而这一阶段的移民则不然，起初在清廷奖励政策下迁移，后来则自发地大规模主动向东北迁移。这一时期虽然也有流人，但其在移民运动中不占支配地位。该时期的移民，揭开了近代东北移民运动的序幕。

1644～1840年（即清军入关到鸦片战争爆发），可以说，各个地区来的数量庞大的移民为辽沈地区甚至整个东北地区的发展作出了巨大的贡献。清代初期，一是由于关内的自然灾害的困扰，迫使民众向关外迁徙；二是战争的爆发，大量民众涌入关内，造成地广人稀，土地荒废。所以，在关内痛失土地的民众，带着对土地的渴望来到东北开始垦荒生产。这种人口迁徙既满足了人们的需求又合乎了自然法则，最终，促进了社会的发展。当然，统治者也注意到了这一点，刚开始采用招徕的方式，后来开始封禁。封禁也不是丝毫不讲情面，允许人们出关去生存。在稳定了社会秩序的同时，东北地区也获得了很好的发展机会。前一时期的招垦政策，使辽沈地区得到了及时的开发，开始恢复昔日的繁荣。由于第二时期的封禁，广大关内民众迁往东北的规模与速度在客观上大受影响，极边地区仍是有土无人，这也为近代沙俄入侵提供了契机。

宣统三年（1911年）辛亥革命推翻了清王朝的统治，结束了中国两千多年来的君主专制制度，建立了中华民国。民国建立后，东北各省来自关内的移民人口逐年递增。从1912年民国建立到1931年的"九·一八"事变止，20年的时间东北地区的人口比清末增加了一倍多，总数达到了近3000万人。特别是在1923～1930年的7年间，由于关内的北方诸省连年遭受自然灾害，致使贫苦农民迁徙东北的潮流达到高峰，在此期间大约有500万人移入东北各地。

1931年后，东北地区在民国时期所形成的移民高潮，由于日本关东军发动"九·一八"事变而中断。直到1937年以后，随着日伪统治者实行的

"产业开发五年计划""北边振兴计划"等的需要以及相应采取的措施,移民才开始又有所回升和增加。

(二) 近代东北地区的国际移民

在近代,各国的资本家、投机商以及众多穷苦人抱着各种动机闯入我国东北地区。伴随咸丰十一年(1861年)营口的开港,英、美等外国人进入了南满地区;在我国北部地区,沙俄通过咸丰八年(1858年)的《中俄瑷珲条约》与咸丰三十一年(1861年)的《中俄北京条约》这两个不平等条约窃取了中国大片的领土与特权之后,俄国人也大批涌进北满地区。尤其在光绪三十一年(1905年)日俄战争之后,列强又强迫清政府签订了一系列不平等条约,使铁岭、吉林、长春、珲春、哈尔滨、齐齐哈尔、满洲里、绥芬河等地相继成为国际性的商埠,各国资本家纷纷来此投资、经商,外国人口因此有了较大程度的增加。其中人口数量较多,对东北地区产生影响较大的是日本、朝鲜、俄国三国的移民。

1. 日本移民

20世纪初,日本通过光绪二十九年(1903年)的《通商行船续约》、光绪三十一年(1905年)的《东三省事宜附约》、宣统元年(1909年)的《图们江中韩界务条款》等不平等条约,迫使清政府将东北地区的主要城市与港口相继开放,准许日本商人在这里居住和贸易,特别是光绪三十一年(1905年)日俄战争结束后日本占领了南满地区,这就给日本实行移民侵略政策提供了便利的条件。这一时期的移民主要以零散的移民为主体,这些零散移民并没有经过日本殖民当局或移民机构的招募,而是自行迁移至我国东北地区。零散的日本移民遍布东北各地,从事着农业、工业和商业的活动。日本自建立"满洲国"这一傀儡政权后,开始大规模地向这一地区进行移民,以镇压东北人民,巩固其殖民统治,通过农业移民加强对东北地区的经济掠夺。

2. 朝鲜移民

明太祖朱元璋在统一东北的过程中,同朝鲜半岛的高丽王国建立了关系。由于高丽国内部争夺政权,高丽贵族李成桂于元中九年(1392年)废高丽王瑶,自立为王。李成桂为了交好明王朝,遣使朝贡,并上表请封,主动要求废除高丽国名,恢复朝鲜国名,自称李氏王朝。从此,高丽族更名朝鲜族,并不断迁居我国东北。咸丰十年至同治九年(1860~1870年),

朝鲜北部连年发生自然灾害，饥饿的农民，扶老携幼，纷纷渡过鸭绿江和图们江，私垦定居。光绪十四年（1888年），20余户朝鲜族农民在东宁县三岔口建立了移民村——高安村。

19世纪中叶以后，朝鲜移民来到延边的人数越来越多，与当地汉族、满族民众长期共处，使今吉林延边地区逐渐形成以朝鲜族民众为主的多民族杂居地区。朝鲜人向我国东北地区移民是在朝鲜封建社会解体的过程中进行的，并随着日本帝国主义把朝鲜殖民地化的过程而加剧。

这一移民运动大规模发展的轨迹始于清末、活跃于民国、收尾于"伪满洲国"、结束于东北光复。在清末时期，迁移至我国东北地区的朝鲜人口，基本上是由自然灾害所致，因生活所迫而迁移，来到东北后与当地居民算得上和睦相处。民国时期，由于日本已经变朝鲜为其殖民地，故其大规模地奖励朝鲜人移居我国东北，作为其侵略该地区的先锋。

3. 俄国移民

俄国移民进入我国东北地区居住，源于咸丰八年（1858年）《中俄瑷珲条约》和咸丰十年（1860年）《中俄北京条约》两个条约的签订。这两个条约都有"俄国可以在中国贸易口岸处设立领事馆"的内容。因此，在这些领事馆的庇护下，很多俄国商人、传教士开始移居到我国东北地区。比较大规模的移民可划分为三个时期：清末沙俄向黑龙江左岸我国领土上移民、光绪二十三年（1897年）以后围绕中东铁路修建的移民及1917年俄国十月革命后的流亡移民。

清咸丰八年（1858年）、十年（1860年），沙俄在世界帝国主义国家瓜分中国的浪潮中，利用武器侵略与外交讹诈等手段逼迫清政府先后签订了《中俄瑷珲条约》和《中俄北京条约》，攫取了黑龙江以北、乌苏里江以东100多万平方公里的土地。但根据条约规定黑龙江左岸，由精奇里河以南至霍尔莫勒津屯原住之满洲人等，照旧准其各在所住屯中永远居住，仍著"满洲国"大臣官员管理，俄罗斯人等和好，不得侵犯、黑龙江左岸"遇有中国人住之处及中国人所占渔猎之地，俄国均不得占"。这就是说，条约中明文规定了上述与此相关的地区一直就是中国的领土。但由于沙俄为了达到侵占黑龙江左岸的目的，又不断蚕食我国领土，开始向这一地区进行大规模的移民侵略活动。咸丰十一年（1861年），沙俄政府制定的第一个移民法，宣布"阿穆尔地区对俄国和外国移居者开放"。规定每户移民的每个人最多可占有100俄亩土地，移居者免除各种赋税20年。同治五年（1866年）又将免税期增加到24年。这些规定吸引了一批又一批的俄国移民来到黑龙江、乌苏里江沿岸。19世纪80年代，在北乌苏里地区殖民的俄国哥萨克占有全部耕地2040俄亩（3.3354万市亩）中的1734俄亩（2.83509万市亩），我国当地民众只领有316俄亩（5166.6市亩）。光绪二十六年（1900年），八国联军侵入中国，俄国趁机侵占了黑龙江左岸江东六十四屯、海兰泡等地区的中国领土。到光绪三十四年（1908年），俄人移入黑龙江左岸者已达16万人。

光绪二十一年（1895年）清政府在甲午战争中战败，沙俄趁帝国主义列强瓜分中国之机，在光绪二十二年（1896年）诱迫清政府签订了《中俄合办东省铁路公司合同章程》和《中俄御敌互相援助条约》，攫取了在中国东北地区筑路、开矿、森林采伐及内河航运等特权。在中东铁路开工修建的过程中，大量俄国移民伴随着筑路人员进入了我国东北地区。修建工作完成之后，铁路沿线的司法行政权、外人居住权均归俄人所掌握，俄国移民日益增多起来。中东路修筑后至日俄战争以前，"外人至东三省营业者，俄人为盛，日人次之"。这一时期的俄国移民是以中东铁路为坐标而散居东北各地的，尤其是在北满以哈尔滨为中心的广大地区。清末以来，俄国移民分布在中东路沿线的满洲里、扎兰屯、海拉尔、齐齐哈尔、富拉尔基各地。到俄国十月革命前，满洲里的俄籍居民占6/10。整个呼伦贝尔地区，俄国人在数量上也超过了本地中国居民。三河一带的情况更是这样。

1917年俄国十月革命爆发，白俄政权于1920～1922年在西伯利亚发动复辟活动，政权动荡使大批的俄国资产阶级不得不出逃，他们自西伯利亚地区涌入了我国的东北地区。逃亡分子中的小部分去了天津和上海等其他地方，大部分滞留在东北地区。

（三）"闯关东"与民族融合

历史上的"闯关东"是一场缘起天灾人祸的迁徙史。

山东地区在历史上就灾患不断，各种自然灾害发生频率均高过其他省份。就清代296年间，共发生潮灾45次（以下均为年次），洪灾127次，涝灾245次，旱灾233次。山东地区人口压力过大也是"闯关东"的一大诱因。山东人口数最多时可达3778万，庞大的人口数量，有限的耕地以及频繁的自然灾害，迫使山东人"闯关东"寻求活路。饱受内忧的同时，外患也不断。法国、日本和德国都纷纷入侵山东港口，战事也让民众备受煎熬，总之，山东地区的人口迁徙是天灾人祸、内忧外患综合作用的必然历史现象。

随着"闯关东"的中原移民的大批涌入，关东平原开始了新的民族融合和聚居，使关东进入近代以后迅速发展成为一个移民社会。自古以来，东北地区就是多民族的聚集区。每个族系民族的人民，都在一定的自然环境中进行各自的生产、生活活动，在长期的历史发展过程中，逐渐形成各不相同的民俗文化。满族在中原移民之前曾经世居在这块土地上。满族的祖先从古代起，就居住在我国关东地区境内，世世代代劳动、生息、繁衍在这片辽阔的土地上，为开发祖国边疆、促进民族间的经济发展和文化交流贡献了自己的智慧和力量。在数千年中无论历代王朝如何更迭，也不论哪个民族的贵族掌握中央王朝的统治权，满族人始终和中原地区保持密切的联系。

随着"闯关东"的中原移民的大批涌入，关东平原开始了新的民族融合和聚居。19世纪中叶开始，政治、经济和社会变动引发了中国近代区域间的大幅人口流动，这成为关东地区的移民与开发的机缘，使关东在进入近代以后迅速发展成一个移民社会。

1. 汉族移民构成了近代关东人口增长的主体

可以说从秦汉开始，关东地区就有大量汉人，但是并非是当地原住民，而是不断迁徙而来的中原汉人。北魏和唐代汉人因政策和自然原因，关东汉人又回归中原，出现汉人锐减的情况。所以，总体看来，清朝以前，由于朝代更迭，关东地区汉人数量增减交替，关东汉人始终处于流动、不定的状态。清代，真正意义的移民社会才在关东建立起来并且汉族移民成为该地区的主体民族。也是自清代始，我国"闯关东"的汉族移民与来自我国外围国家的移民（如日本、朝鲜、俄国）才开始正式涉足关东地区，形成以汉族为核心的移民社会结构。总体上，可将移民社会的形成分为两大重要的时期。

1644~1861年（即从清代初期到咸丰十年）为第一时期。因为仅有清初顺治实行了招垦，其他皇帝当政时期均将关东封禁，所以关东地区是十分闭塞的。移民构成主要为流民和流人。流民即闯关和泛海而来的非法移民，流人是朝廷的流放犯人之辈。总体上说，第一时期移民人数在不断增加，但是人口结构没有发生真正意义的变化。第二时期才真正达到人口大规模变化以及关东人口结构的彻底改变。

第二时期始于1891年（即咸丰十年），持续到1945年日本投降。由于咸丰年间内忧外患的困扰，清政府被迫实行移民实边的政策。再到光绪年间的全面开禁，可以说移民运动进行得如火如荼，在民国初达到高潮。到了伪满时期"闯关东"的人口仍在持续增加。后期，来自各国的移民数量也在不断增加，最终，关东地区成为名副其实的移民社会。

2. 关东人的社会心态和社会性格的形成

就移民进入的早晚来分析，移民主要分为两个重要的时期。第一时期，关东移民主要停留在关东南部地区（即现在的辽宁省和吉林省的大部分地区），由于该地居民从清末就不断向定居型社会转化，因此，关东移民深受这种影响，长期以来，实现了本地化并将关东当成了自己的家乡，自诩为关东人了。第二时期，移民以关东南部为据点向广大北方地区拓展，这个时期的移民包括闯关东的汉族移民，也有少量国外的移民。也正是因为近代这种区域性移民的社会中有着多种来历和目的迥异的居民，所以，移民社会的心态复杂性是不可规避的。

举例来说，国际移民的心态即使是同一国家的不同时期的心态也并不相同，随着国情的变化而改变。俄国移民以十月革命为界，产生了前为财富后为逃亡的这样两种巨大的心态反差。即使是深刻影响他国移民的日本移民的心态也在太平洋战争爆发前后迥然不同——爆发前的趾高气昂和战争后期的悲伤失落。欧美移民深受日本的影响，在日本占领关东以前能够聚敛财富，之后也受到打压，心态消极。俄国移民也受到了日本部队的欺凌。朝鲜移民人数小，而且因为朝鲜人民求生存的社会心态，对关东的整体移民心态的影响很小。造成近代关东社会的主要变化的主要力量还是为数最多的中原移民，他们既对关东施加影响也深受关东地区的影响并成为真正的关东人。

近代时期的汉族移民"闯关东"是因为饥饿、自然灾害、军阀混战等原因，将他们的家乡视为死地，急切地大批出关，来到关东落地生根。在驱动移民原因这一点上，关东地区的汉族移民与外国移民是不同的。此后在关东这片土地上汉族移民子孙繁衍，经过一个缓慢变化发展的过程，渐渐地由客籍变成了土著，关东之地成为了家乡。在移民定居关东之后，并没有以关东人自称，而是仍然自称河北人、山西人、山东人、河南人，因为他们仅仅是把关东当作谋食之地，并非真正意义上的家乡。在一定程度上反映了广大"闯关东"移民认为自己的家在关内、根在关内的社会心态。这些汉族移民千里北上、闯关过口，他们不仅要努力适应关东地区的寒冷气候，还要遭受官僚、军阀，尤其是俄、日帝国主义的欺凌与压迫，这与他们当初决定移民时的心理期望相差悬殊，他们内心的期望在异乡没有得到补偿，心理上的压力不能解决。面对这样的生存压力，又没有家族关系提供精神寄托，这些来到关东的各省民众，在互助的过程中渐渐以地缘关系代替了血缘关系，形成了"闯关东"移民群中新的社会关系。

移民运动并不仅是一个地方的居民迁移到另一个地方，它在本质上是一种文化的迁移。新到来的移民在全新的环境下开启新的生活，这要涉及各个因素的综合作用，所以，文化因素必然应受到关注。"闯关东"的山东移民带来了中原的文化，这些文化与关东地区原有少数民族的文化传统融合在一起，形成了新的关东文化，"闯关东"也是一个不同文化大融合的历史进程。

二、关内汉族移民对东北方言指示代词后缀的影响

移民历史使东北人形成了豪放、粗犷的性格，东北方言指示代词与普通话相比有很多自己的后缀，形成了很多固定的词组来表现特定的语气和色彩，语体色彩更加土俗。而这些使东北方言指示代词有自己特点的后缀，很可能其中有很多是受到来自关内移民的影响。

（一）"这咱""那咱"

东北方言的时间点指示代词"这咱""那咱"很可能是受东北地区的山东移民影响，与山东方言中的时间点指示代词用法一致。时间点指示代词"这咱""那咱"中的"咱"，是时间词"早晚"的合音。冯春田先生认为："早晚"凝固成"咱"大约是从元代开始的。"早晚"与疑问代词"多少"的"多"组合成了"多早晚"，"早晚"合音之后，成为了"多咱"。而在"多早晚"这个形式中，询问时间的疑问意思被转移到了"多"字之上，那么"早晚"就凝固成一个词，且这个词基本与"时候"同义。在这

个基础之上,"这""那"才与"早晚"组合,产生"这早晚""那早晚"这两个词,合音之后,形成"这咱""那咱"。

例1:你这咱什么都不怕了,一个人吃了饭,一家子算是都吃饱了。

例2:这咱你又要走了,你妈妈正躲在屋里掉眼泪呢。

例3:那咱她年纪还小,不懂这其中的道理。

(二)"这旮(瘩)儿""那旮(瘩)儿"

东北方言指示代词系统中的处所指示代词"这旮(瘩)儿""那旮(瘩)儿"的用法,也是受关内汉族移民的影响。"旮瘩"这个词最早出现在金代的医书中,是在古汉语中出现比较晚的一个词。现代汉语中"旮瘩"与古代汉语时期相比,发展出了很多新的义项。这些义项在我国各个方言中的实际使用情况各不相同。而其中"排行最小的孩子或受疼爱的子女"这个义项,根据《现代汉语方言大词典》和《北京方言词典》所提供的资料来看,只在北京地区和东北三省使用。鉴于东北地区历史上很多关内移民是军官及其家属,笔者考虑是不是可以认为,东北方言中"这旮(瘩)儿""那旮(瘩)儿"的用法是当时首都的军官及家属带到东北地区来的。在此基础之上,后来"旮瘩"才从地名的使用中发展出"地方"这个义项,从而成为东北方言中的处所指示代词。

例1:咱当亡国奴那阵子,这旮瘩谁也不来。

例2:这种事不止发生在俺们那旮瘩儿,别处恐怕也有。

例3:你有话就在这旮儿说吧,我忙着写材料呢。

以上指示代词的举例是关内汉族移民对东北方言指示代词带来影响的一部分表现,究竟还体现在东北方言指示代词的哪些方面、国际移民又是否对东北方言指示代词产生影响,还有待于进一步探询。

第三章
"嗯呐"与民俗文化

第一节 东北方言词"嗯呐"及其来源问题

一、东北方言的叹词"嗯呐"

就如同粤方言中的词语"多谢""唔该"一样,东北方言里的叹词"嗯呐"在东北地区来讲是一个使用频率较高的词语,一说到"嗯呐"这个词就会让人很自然地联想到东北方言。"嗯呐"具有东北方言独特的语言特点,体现着东北方言的语言魅力,同时具有一定的东北方言的代表性。东北地区的人们习惯并中意于对"嗯呐"一词的使用,因为这个词语不仅能使语言表达得简洁清楚、意义明确、语义表现丰富,而且具有语言使用的灵活性和独特的语言表现力。

通过对"嗯呐"一词的使用,东北方言所具有的诙谐、幽默、风趣以及俏皮生动的语言特点得以展现出来,同时侧面地反映了东北人豪爽、直率与朴实的特点。"嗯呐"同东北方言其他词语如"贼(很,十分)""磕碜(难看)""嘚瑟"等均能表现东北语言的特点,比如"瞅把他给美的,都不知道咋嘚瑟了!"

"嗯呐"一词也经常被使用在具有东北地方特色的电视生活剧和小品艺术作品当中。东北方言词语"嗯呐",经过赵本山、宋丹丹等在小品中的使用和传播,越来越多的人开始熟悉并使用这个词语,受到人们的喜爱。

二、词语"嗯呐"的来源问题

东北方言的"嗯呐"的研究首先从"嗯呐"这个词的由来开始。关于这个词的出处及演变过程,现在语言学界还有尚未确定的推论和考证。查阅资料的话,就能看到"嗯,哪个"的语源。张宏杰于2008年发表了一篇题为《嗯呐》的文章。文章的核心围绕语言,尤其是关于词语"嗯呐"由来的论证更有意义和价值。他在中国人民大学的资料中发现了"嗯呐"这个词的起源,"嗯呐"来源于满族语言,极有可能是女真语当中"依呐"的演变。

另外,通过对以前住在东北地区的原住民族的调查,"嗯呐"的出处也有重要的意义。满族是住在东北地区的少数民族,可以追溯东北地区世代的原住民族的风俗文化特征,关于"嗯呐"的出处考证也可以作为推论的依据。东北是多民族聚居的地区,这里世世代代富足。蒙古族、赫哲族等原住民族在文化之间有着渗透和语言的相互影响。满族是历史悠久的民族,公元前9世纪满族的祖先在东北这块土地上劳作、生活着。满族的祖先有谨慎、女真、勿吉、莫平、付娄等叫法,满族的语言也随之从女真语演变而来。随着东北各民族三百多年的融合,东北方言中有很多是从多文化融合而来的。那些语言中保存着很多反映当地少数民族风俗文化的语言。如,肉和油的变质被称为"口水","吉林"是"吉林乌拉"的简称,"牡丹江"来自满族语言"穆丹乌拉"等,语言之间有一定的联系。可以看出以前的原住民族已经开始使用表示应答、承诺、肯定意思的词语了。考证"嗯呐"的来源,对于了解和探究东北地区原住民的语言表达方式和特点具有重要意义。

第二节　东北方言词"嗯呐"的语义研究

在进行语言交际的时候,一般包括三方面的要素,也就是言语交际的情境、主体以及言语的内容这三方面。

言语交际是不可能脱离言语情境的,所以言语情境对于交际而言是极为重要的。对话在某一种语境当中进行,如果说话人想要表达出言语内容,听话人就需要和语境进行联系,这样才能理解说话者要表达的意思,并且语境也会根据对话双方情绪等的改变发生变化。说怎样的话,说话人带有哪种语气,将话语附着什么样的语义色彩等因素均和言语交际要素之间存在着非常密切,且具有必然性的关联。语境作为交际过程中的一种环境,指的是语言交际的空间环境、时间环境等。双方对话所表现出来的语义存在于具体的语言环境当中。通常,语境能够直接决定言语的意义。所有言语行为均是为了产生一定的话语意义,而达到交际的目的,并且也能够表达出说话过程中的心理情况。交际的目的是让交际双方达成共识,当说话人把信息传输给听话人的时候,听话人能够理解与接收说话人传输过来的信息,其与会话当中的合作原则较为契合。当对话内容能够达到双方公认目的的时候,那么在既定的语言环境下,交际双方便能够在语言内容的理解上达成共识。

在合作原则方面,也就是要求说话信息量充足,同时保持话语不跨越既定范畴,话语意义正是由这种的言语行为当中构建起来的。那么,对于东北方言当中的"嗯呐"一词来说,其所带有的语义非常多元丰富,在言语交际的过程当中,其语义功能也较为突出,语义表达方面具有着别具一格的特点。例如《金婚》当中的一段对话:

妻子:"回来的时候买两条鱼!"

丈夫:"你想吃鱼啊?"

妻子:"嗯呐。"

上面这段对话的双方彼此之间存在一定社会关系,两者在电视剧当中是夫妻,这一关系为话语意义的正确理解奠定了基础条件。对话当中从命令"买鱼"到反问"你想吃鱼啊?"再到最后的回答"嗯呐",这一个"嗯呐"便把话语意义非常直接地展示出来,并且妻子的交际目的得到了实现。"嗯呐"这一词语在此处语义表达非常准确、恰到好处,整个交际以"嗯呐"结尾,充分表现了该言语交际行为的目的,也展现了与之相匹配的话语意义。通过"嗯呐"这个词来完成最终对话,其所要表达的话语目的和意义均是非常清晰的。总体而言,话语交际的过程中,说话的人围绕交际目的去择取话语形式,听话的人通过其想要表达出的话语内容去理解说话人的交际目的,交际目的是说话内容的中心,"嗯呐"在具体对话场合当中达到了语言学功能,帮助说话双方完成了语义的理解和表达。

通常,在说话人员比较愉悦或是比较兴奋的时候,其说话语调普遍会更高一些;与之相反,说话人难过的时候,说话的语调也会比正常更低一些;在着急、震惊等心理状态下,其说话的语调可能比愉悦或者兴奋的时候更高。因为人类的感情存在很多种,强烈的程度自然也就存在差异,所以语调表达程度和方式就必然会存在区别。具体来说,人们经常说的感叹语或者哎语等都可以让人表达出差异化的情感,其中的语调则是表达情感的主要途径，以情感词为主组成的感叹句当中，语调一般是尾音拉长并稍有降低。在表示差异情感期间语段自然也存在区别，训斥的时候语调升调且较高；震惊的时候语调曲折且较高。因此，只要是有感叹语气抑或是表达说话者主观意思一类的语句，它的语调一般会随着说话人的情感因素而改变。此处继续需要讨论的问题仍然是"嗯呐"这个词语的语调变化。"嗯呐"的语调变化对于东北人来说是非常丰富且富含特点的，其语调不同意义自然也不同。例如：

甲："你在那头应该挺冷的吧？真是让你受苦了！"乙："嗯呐！"

甲："今年收成真不错，啥玩意都好！"乙："嗯呐！嗯呐！"

甲："春节这段时间，大家是不没休息啊？"乙："嗯呐。"

案例当中的每一个"嗯呐"都有着不同的语调和预期，并且也展现出了不同情境之下的语义色彩，可以看出其语义内容是相当丰富的，应用符合时机、恰到好处。在上文案例中，"嗯呐"包括以答句存在的，也有以对话的形式存在的，不管是哪一种形式，在语义上均非常连贯，简单的对话却十分紧凑自然。对由感叹语气表达出的语句而言，其语调呈现出多样性，感情激烈，表义也非常灵活，语调就是每一句话在感叹语气上的表达途径。在叹词"嗯呐"上，其所可以展现出来的语调形式更加有整体性特征。此类差异化的语调形式应综合对话双方的情感，也就是综合对话双方的语义色彩，来进行共同探讨说明，所以说语调也是对话双方情感的一种表现途径，两者之间有着非常密切的关联。

对话融括交际的语境、主体以及内容三个层面，不过交际期间的情感表现也是非常重要的。对话双方的情感是某种语境之下而产生的，双方作为情感表达主体，情感的外露与宣泄基本上全部依托于说话人所应用的语言方式，此处具体指的是应用感叹词、叹词和某些特殊句式来实现说话人不同感情的表达，并且说话的过程中带有一定的语调也是一种较为重要的表达形式，简而言之就是说语调是对话双方情感因素得到外部呈现的一种表达手段。话语当中的一些语气词以及叹词等均承载着信息，传输着说话者的情感，具有一定的语义色彩。

在双方对话期间，感情是说话人内心想法、情绪等的反馈；是为了表达自身对某件事或某个人的情感，比如喜悦、悲伤、生气等，是一种通过说话来实现情感意图的方式。双方对话的实际过程当中，包含语调、语言情境、话语的内容等多个方面，比如，将交际主体、话语情景以及内容视为一个"三元一次方程式"里面的"X、M、Z、Y、N"等，将表达话语意义当中的关键要素：语调、句式以及情感等视为"X、Y、Z"等参数的系数，系数的改变会对方程解产生影响。方程的量关系之所以能够成立，离不开参数与系数的联合作用，在方程当中每一套参数所对应着不同系数，所以一个话语意义的最终实现，是包括交际主体、语言环境、语调以及语义色彩等一系列因素互相作用之下的结果。

接下来我们具体分析"嗯呐"在话语中承担的不同语调及语义色彩方面的问题。

例1：甲："你在那头应该挺冷的吧？真是让你受苦了！"乙："嗯呐！"对话当中的"嗯呐"以回答的形式存在，在感叹语气的前提下，将自己内心当中远离家乡孤独、难过的情感表达了出来，说话人话语低沉、话音刚落的时候尾音较长且下降。

例2：甲："今年收成真不错，啥玩意都好！"乙："嗯呐！嗯呐！"该案例是两个务农人员的对话，对话充分表明了甲乙两人在话语意义上实现了共鸣，也就是"农作物收成真好"的共鸣，这是说话人员与听话人员之间的共同认识与彼此肯定。乙句表现说话者非常兴奋愉快的情绪，语速比较紧凑、语调也有很大提升。"嗯呐"这一词语无疑是带有"愉悦、兴奋、开心"等语义色彩在里面的。

例3：甲："春节这段时间，大家是不没休息啊？"乙："嗯呐。"这一段对话发生在一名记者和建筑工人身上，是记者对其进行采访的对话。春节期间全国人民都进入假期，沉浸在喜悦的氛围当中，面对这种情况，建筑工人在记者的提问下，表现出比较低落的情绪。"嗯呐"是建筑工人低沉思虑以后答出来的，语调的主要表现是尾音比正常说话更长，稍有降调；并且，话语带有叹息、无奈的情感语义色彩。

例4：甲："现在疫情全球流行，可得注意自己的卫生！"乙："嗯呐。"这段对话当中乙所说的"嗯呐"语义色彩主要表现为领悟、明白等。乙通过"嗯呐"表示对甲所说的话的肯定和认可等。表明需要注意卫生，提升对疫情防护意识。语调是中度降调。

例5：甲："你这回考试考得真不错！"乙："嗯呐，那你看！"在这里我们看乙句，叹词"嗯呐"在句中表示一定的感叹语气，说话人表达出自己的高兴、喜悦心情，对自己十分满意，这种略带有骄傲的、洋洋得意的情感则是通过普通的升调表达的，且语义色彩鲜明，表现为高兴、得意。

下一个例句：甲："你做什么啊？"乙："食堂管理员哪！"甲："哎，那可是肥差呀！"乙："嗯呐！"这是出自影视作品《金婚》当中剧中人物大庄嫂和邻居之间的对话，其中"食堂管理员哪！"和"嗯呐！"两句话来自庄嫂，庄嫂一副美滋滋的神态，升高后的语调使得庄嫂傲气十足，故意引起别人的注意和不悦，主观色彩较浓；在表现"嗯呐"一词的语义上这无不是一个非常鲜活而有说服力的语例。

例6：甲："把我的书放桌子上就行了。"乙："嗯呐。"和甲："瞧这菜里的油！"乙："我一看就饱了。"甲："嗯呐。"这两个对话属于一个类型的，就是经常出现的一般感叹句式，其感情色彩最为普遍了，这里的"嗯呐。"作为对话后续句，仅仅是一种简单明了直白的语义上的肯定，表示一种肯定的感叹语气，而没有较鲜明的语义色彩，但仔细一比较，它们的语调却有所不同。前者是简单的回应，语调平稳，稍有所下降；后者包含一定的情节在里面，是对某一件事所持的观点或态度的体现，语调可以用升调，也可以略带升调。

例7：甲："这个小胖子也太能吃肉了，上顿下顿也吃不够。"乙："嗯呐！"和甲："这是啥呀，就跟浆糊似的？"乙："嗯呐，你说这啥味儿啊！"在这里的两个对话中，"嗯呐"所表现的情感是惊讶的、吃惊的、无法相信的和无可奈何的。这种情感表明说话人对摆在眼前的事实毫无办法，无可奈何，感觉很惊讶，出乎意料但也要相信事实。语调多表现为高升调和曲折调，语调上升和变化明显。同时"嗯呐"也具有强调和引起注意的作用。

例8：甲："作业写完了没啊？"乙："嗯呐，嗯呐，写完了！"这里的"嗯呐"表现了说话人想要宣泄自己不耐烦的情绪，尤其是"嗯呐"一词的重复使用更加突出了人物的情感，因此附带了急躁、无法忍耐的语义色彩，语调表现为高升调或升调，语速较快，语气较重。

例9：甲："等下次你再考不好试，看我怎么修理你！"乙："嗯呐！知道了！"（或"嗯！"）这里则表现说话人的愤怒心理特征和气急败坏的、愤怒的情态，语调可以用为升高或高升调且语气很重。

例10：甲："瞧把他给美的，不道咋嘚瑟好了！"乙："嗯呐！可不咋的！"这里的"嗯呐！可不咋的！"感叹语气较明显，语义色彩也是清晰可见。说话方对对方的做法持一种斥责、鄙视的情感，通过高升调或者也可以是略带有曲折的句调表达出来，并且语调上升也比较明显。

例11：甲："回头买两块豆腐啊！"乙："想吃豆腐啊？"甲："嗯呐！"此话中"嗯呐！"以表示强调之义为主，同时可以引起听话人的注意，语气语调平稳，有一定的提示作用，话语带有升高的语调。

通过对上述对话中的例句进行分析，在生活对话过程当中，情感因素是主要的一方面，感情意义或者说语义色彩是核心部分。人们在对话时情感的强烈程度的差异直接影响着话语在语气语调上的不同。不同的话语内容可以突出所要传递的信息及所要表达的情感。"嗯呐"一词承担了多种语调形式，表达丰富的情感意义，具有表现不同的语义色彩的特点。语调具有可变性、可塑性和灵活性，语调也最能体现人物的情态特征，说话姿态和情感特点。在对话过程中，说话者和听话者双方的神态往往都要靠说话时的语调得以体现。所以，承担不同的语调形式、具有丰富的语义色彩是"嗯呐"这个东北方言词最具独特魅力和特点之处。

第三节　东北方言词"嗯呐"的用法

东北人习惯地把"嗯呐"说成一个字"嗯"，亦为叹词表示应答之义，在语言使用上同"嗯呐"是一致的，这是由双音节词转变为单音节词的语言使用现象。比方说：

例1："外面冷，出去时多加件衣裳。"——"嗯。"

例2："鸡叫了？"——"嗯。"

这是东北人的习惯说法，这里不再作赘述。其实我们不难发现，"嗯呐"一词不总是单独出现在对话的句子当中（指单独成句的情况），有时也和其他词语搭配一起使用，起到强调语气的作用。比如"嗯呐"与"呗"经常连在一起使用，组成"嗯呐呗"的语言形式，其语法功能同"嗯呐"相同。如"你瞧他高兴的样儿，都不知东南西北了。"——"嗯呐呗！"这里的"嗯呐呗"，其意义同"嗯呐"是相同的，解释为"那对呗""可不是呗"。但是加上了一个"呗"，就把说话人的语气进一步加强了，也就是说等于是加强了所要表达的肯定语气。

"嗯呐"一词的使用性较为灵活，语义表达丰富多彩。主要包括句子结构特点、语法功能以及词语在句子当中使用有哪些特点。"嗯呐"一词经常使用在对话当中，说话甲方通常是对说话乙方提出某些问题，或者是说一些具有发表意见性的话语，在这种语境下，说话乙方说出带有主观意见的回答语句（或对话连续语句），那么这时"嗯呐"作为答句来回答甲方的提问或对话。"嗯呐"一词基本上在句中都是以单独身份出现的，独自完成表示肯定意义的答语或对话语句，有时还会用"嗯呐呗"等语言形式来表示回答。具体而言，词语"嗯呐"一般都是在一个句子（多数为答句中）的开头（即句首），或自己单独构成对话语句，或与其他语法成分构成语句来共同完成回答或对话。比如在对话"这就是海蛎子吗？——嗯呐"当中，"嗯呐"就是独自来构成回答句的；而在对话"看今天的雪下得多大！——嗯呐，还真挺大的，到现在还没停啊！"当中，在对话的后句里，"嗯呐"在句首位置，同时在它后面还附加了带有强调性、解释性的话语成分，其实后面的部分就是对"嗯呐"的加强肯定，一种语义的递进说明。从语言学理论的角度来说，叹词的独立性很强，一般不参加句子结构，常用作感叹语（独立成分），或单用为句子，我们接下来要提到的就是"独词句"。感叹语多放在句子的前面，但有时也会插入句子中间。而叹词在一定情况下还会用在句子结构中充当句子成分，这一点我们举前文提到过的例子来说明一下，如"我们留下地址请他来玩儿，他嗯呐了一声，但从来没有来过。"在这个句子当中，"嗯呐"一词做了"他嗯呐了一声"这个小分句的谓语中心。而在对话"这就是海蛎子吗？——嗯呐"中，"嗯呐"就是单独构成句子的。在对话"看今天的雪下得多大！——嗯呐，还真挺大的，到现在还没停啊！"中，"嗯呐"则是用作为一个独立的成分，不参与句子结构。

参考文献

[1] 崔秀兰,李光杰.论清末民初东北方言词源构成与结构特点[J].学术交流,2017(11):28.

[2] 董苗苗,李光杰.从多元文化看东北方言的形成与发展[J].长春师范大学学报,2019(9).

[3] 董慧.当历史故事"邂逅"东北方言——由二人转《家有丑妻》谈起[J].戏剧文学,2019(9).

[4] 孙丽丽.汉语东北方言研究述论[J].文化学刊,2019(7).

[5] 蔡悦.从社会语言学视角浅析东北方言称谓语中"老"字[J].白城师范学院学报,2019(7).

[6] 王思文,宋凤娟.东北方言艺术创作的特点和艺术性探究[J].产业与科技论坛,2019(7).

[7] 宋艳欣.基于语料库的东北方言名词来源、类型与文化蕴含调查[J].渤海大学学报(哲学社会科学版),2019(2).

[8] 佟鸣,贾秀春.影视作品视野下的东北方言研究[J].产业与科技论坛,2019(3).

[9] 宋艳欣.东北方言文化名词及其反映的文化来源与类型——基于东北方言词汇库的调查[J].辽宁工程技术大学学报(社会科学版),2018(6).

[10] 郑路.东北方言与东北地域性格分析[J].校园心理,2018(5).

[11] 郭艳.从东北方言词看东北文化[A].国家教师科研专项基金科研成果(三)[C].国家教师科研基金管理办公室,2016(2).

[12] 李鑫.论东北方言中称谓语的文化内涵[D].沈阳:辽宁大学,2016.

[13] 吴佳悦.浅谈东北方言的幽默艺术[J].商业故事,2015(7).

[14] 丁怡文.东北地方文化中的喜剧元素分析[D].延吉:延边大学,2015.

[15] 李丹芷.东北方言泛义动词"整"的探析[D].杭州:浙江大学,2015.

[16] 王莹雪.试论东北方言小品中的言语幽默[J].语文教学通信·D刊

（学术刊），2014（10）.

[17] 刘芳. 东北方言指示代词研究［D］. 长春：东北师范大学，2014.

[18] 曹中君. 东北方言幽默效果产生机制刍议——以二人转为例［J］. 参花（下），2014（3）.

[19] 赵松涛. 东北方言泛义动词研究［D］. 哈尔滨：黑龙江大学，2014.

[20] 王吉娜，王爱莲. 试论东北方言词大热的原因［J］. 山西广播电视大学学报，2013（2）.

[21] 袁彦文. 对 21 世纪以来东北农村题材影视作品中民俗文化的研究［D］. 长春：东北师范大学，2013.

[22] 王衍婷. 东北方言在民间艺术文化中的价值体现［D］. 长春：吉林艺术学院，2013.

[23] 杨春宇，佟昕. 东北方言中的泛义动词"整"和"造"［J］. 大连大学学报，2013（2）.

[24] 宫宛宜. 东北方言认知称谓语的研究［J］. 青年文学家，2013（8）.

[25] 李晓东. 方言在表演艺术创作中的重要性［D］. 长春：吉林艺术学院，2012.

[26] 路杨. 东北方言泛义动词"整"的研究［D］. 上海：上海师范大学，2012.

[27] 孙赓. 浅谈东北方言年俗的社会文化内涵［J］. 安徽文学（下半月），2012（1）.

[28] 乔倩，吕明臣. 东北方言词"嗯呐"语义色彩研究［J］. 长春理工大学学报（社会科学版），2011（11）.

[29] 杨丽娜. 从东北方言词"造"看东北人的性格文化特征［J］. 作家，2011（10）.

[30] 杨惠栋. 从东北方言词看东北饮食文化［J］. 语文学刊，2011（9）.

[31] 刘思言. 探析东北民俗文化对二人转的影响［D］. 哈尔滨：哈尔滨师范大学，2011.

[32] 杨怀波. 东北方言幽默研究［D］. 温州：温州大学，2011.

[33] 于欢. 对东北方言"整"的语义、语法、语用分析［J］. 辽宁教育行政学院学报，2011（1）.

[34] 满蕾. 从影视作品《乡村爱情》看东北方言的称谓语特点［J］. 现代语文（语言研究版），2009（3）.

［35］秦海燕.东北方言小品幽默机制探究［A］.世界汉语修辞学会.世界汉语修辞学会第一届年会暨修辞学国际学术研讨会论文集［C］.曲阜师范大学文学院：全球修辞学会，2008（1）.

［36］崔蕾.小议东北方言泛义动词"整"［J］.吉林师范大学学报（人文社会科学版），2008（3）.

［37］乔倩.东北方言词"嗯呐"研究［D］.长春：吉林大学，2008.

后 记

  本书为作者2017年承担的吉林省社会科学基金项目成果，项目编号为2017BS49，经鉴定A级结项。

  方言是历史与空间的产物。东北这块广袤的黑土地经过历史的沉淀、民族的融合、地理的阻隔，在广阔的空间里自由组合、释放情感，逐渐形成了形象生动、幽默风趣、直白夸张、感情色彩浓厚、表义丰富、表现力亲和力强等特点的东北方言。东北方言不仅是东北民间艺术之根，更是东北地域特色文化的载体，与土语凝结在一起，充分体现了东北人直率、质朴、粗犷、豪放、热情的性格特征。语言的个性即艺术的个性、文化的个性，东北方言以其独特的魅力使东北民俗艺术与文化别具一格、独树一帜，随着东北方言与地域文化的不断传播和发展，文艺百花园中的这朵奇花将长开不败！